# 1・2時間でできる まるごと 図画工作

### 1・2年

編集:
服部 宏　藤田 えり子　堀越 じゅん
辰巳 三郎　内海 公子

著者:
阿野 美佐子　今田 美恵子
内海 公子　大山 美智子
小菅 盛平　照田 律子
辰巳 三郎　服部 宏
福田 公美子　藤原 さやか
松多 祐里　向 啓子
渡邉 敬子

わかる喜び学ぶ楽しさを創造する教育研究所　略称 **喜楽研**

## は じ め に

　本書は、『全学年１２５０点のカラー作品と２２名の著者による まるごと図画工作 １年〜６年』の姉妹編ですが、学校現場の現状や要望を踏まえ『１・２時間でできる まるごと図画工作 １・２年、３・４年、５・６年』として、編集・出版しました。単なるハウツーや一つの方式の解説書ではなく、全国各地の先生方１９名のオリジナルな研究・実践集です。授業のようすや子どもの姿が生き生きと伝わってきます。はじめての方、もっと深めたい方はもちろん、誰もが気軽に、楽しく取り組める内容だと確信しています。大いに活用していただければ幸いです。全国各地で、新しい図工の取り組みの輪が広がることを願っています。

　最後に、本書制作にあたりたくさんの先生方に執筆、及びご協力いただきました。お礼申し上げます。

まるごと図工編集部

## この本の特色と使い方について

　「児童画集・作品集」であり、「実践集」です。約半分がカラーページで、子どもたちの作品が豊富に掲載されています。全国各地の先生方の実践はバラエティに富んでいます。「わっ！やってみたい」「すぐできそう」そんな内容ばかりです。

　「絵画・造形」「工作・ものづくり」の二部に分かれています。

　１ページ１題材とコンパクトにまとめています。「題材について」「準備物」「手順」の構成で、「なぜ、この題材を取り上げたか」「何をどう実践すれば良いか」がわかりやすく記述されています。「ワンポイントアドバイス」や「アレンジ・チャレンジ」も大いに参考にして頂けると思います。

　また、ページをめくると、カラーページで子どもの作品が見やすくなっています。

### ＊画材や材料、道具（用具）について

特別に記載されていないものは、一般的に使われているものです。

- 児童用水彩絵の具とその用具は、「絵の具セット」としました。
- ネームペン、マーカー、カラーペンなどは、心材がフェルトということで「フェルトペン」としました。
- 色紙、折り紙について、色を主目的に使う場合、また"しきし"との混同をさけるため「いろがみ」とし、折ることが主目的の場合は「折り紙」としました。
- 接着剤については、「ボンド」と「のり」としました。

児童作品例 はカラーページに作品例が載っています。

## 絵画・造形

| | |
|---|---|
| はじめまして　よろしくね　— １年生になったよ — | 8 |
| 太陽の花　— 紙皿を使って — | 9 |
| | 児童作品例…10 |
| しおりを作ろう！　— 色を組み合せて — | 12 |
| 飛び出すクラッカー　— 大中小の筆を使って色々な線で描こう — | 13 |
| | 児童作品例…14 |
| かわいいパンジー　— デカルコマニー（合わせ絵）で表現する — | 16 |
| ふくろやビンにはいったあめ玉　— 白と混色してかたまりで描く — | 17 |
| | 児童作品例…18 |
| ドーナツ屋さん　— いいにおいの おいしそうなドーナツをのり絵の具で描こう — | 20 |
| やきそば・スパゲッティ　— パスを使って いろんな線で描く — | 21 |
| | 児童作品例…22 |
| えんどう豆　むいたよ！　— のり絵の具を使って指で描く — | 24 |
| にじいろ　かたつむり　— はじめての絵の具 — | 25 |
| | 児童作品例…26 |
| ぴちぴち ちゃぷちゃぷ ランランラン　— 雨の日を楽しむ — | 28 |
| ガクアジサイ　— 梅雨の代名詞を点描とスタンプで — | 29 |
| | 児童作品例…30 |
| 生き物と友だち　— 生き物をダイナミックに描こう — | 32 |
| かにたろう　— カニとあそぼう — | 33 |
| | 児童作品例…34 |
| カニさんカニさん　— 筆を使わず手のひらと指で楽しく描く — | 36 |
| 冷たーいかき氷　— 絵の具の濃淡で表す — | 37 |
| | 児童作品例…38 |
| わたがし（わたあめ）　— パスでぼかしを生かしてグルグルがきで描く — | 40 |
| しゃぼん玉とばそ！　— 直描き・重ね描きで描く（濃淡・にじみ・ハイライト） — | 41 |
| | 児童作品例…42 |
| 夏の夜に光るモノ・うごくモノ　— 体験をもとにイメージをひろげて描く — | 44 |
| どこでもキャンバス　— ガラス絵で楽しもう — | 45 |
| | 児童作品例…46 |
| ぶどう　— のり絵の具で指先でかたまりを描く — | 48 |
| ビー玉 ころころ　— 画面上でビー玉遊び・パスでかたまりで描く — | 49 |
| | 児童作品例…51 |

| | |
|---|---|
| ライン・コレクション　— デザインしよう — | 52 |
| みんなで楽しく踊っちゃおう！　— 人の動きをとらえよう — | 53 |
| 児童作品例 | 55 |
| クリスマスツリー　— 水と絵の具の関係を感じとりながら、点描で表す — | 56 |
| 絵手紙「だいこん」　— タオル筆で描く — | 57 |
| 児童作品例 | 58 |
| 家の人に○○してもらって　うれしかったよ！　— くらしの中に大切なことを見つけ育てて描く — | 60 |
| おしゃれなハンカチ　— パスで描く — | 61 |
| 児童作品例 | 62 |
| 地球の木　— 大冒険に出発だ！(1) — | 64 |
| ふしぎなとびら　— 大冒険に出発だ！(2) — | 65 |
| 児童作品例 | 66 |
| 新種発見　— タオル筆で魚拓を描こう — | 68 |
| きねんしゃしん　— 遠足に行ったよ — | 69 |
| 児童作品例 | 70 |

## 工作・ものづくり

| | |
|---|---|
| 作ってあそぼう！ミニプロペラ　— くるくる飛ばしてキャッチ — | 72 |
| 飛ばしてあそぼう！UFO　— スーッと風を切って飛ばそう — | 73 |
| 児童作品例 | 74 |
| 作ってあそぼう！くるくる金魚　— しっぽがくるくるまわります — | 76 |
| 重ね切りもよう　— いろがみや新聞紙を使ってあそぼう — | 77 |
| 児童作品例 | 78 |
| あじさいの花を咲かそう　— 班で協力してたくさんの花を — | 80 |
| ひなかざり　— かわいいひな人形 — | 81 |
| 児童作品例 | 82 |
| びろーんとのびる　— 大きくなるよ — | 84 |
| ムクムクニョキニョキー　— 中から何が出てくるのかな — | 85 |
| 児童作品例 | 86 |
| 飛び出すカード　— 楽しいカードを考えよう — | 88 |
| リースに秋をかざろう　— 秋のおくりものを飾って残そう — | 89 |
| 児童作品例 | 90 |
| かけ算迷路　— 教室を遊園地に — | 92 |
| ファッションショー　— 勇者とお姫様に大変身 — | 93 |
| 児童作品例 | 94 |

# 楽しい、わくわくする、そんな図工との出合いを
## ── 人として育つ　生活に豊かさと希望と喜びを！ ──

描く、作る、想像する、創造する。見る、感じる、考える、共感する。学び合う、語り合う、支え合う、つながり合う。

図工は、大切な教科のひとつです。今を生きる子どもたちの"今"を、充実させる実践を大切にしたいと思います。

楽しい、わくわくする、そんな図工との出合いから、はじめの一歩を踏み出したいと思います。

### ●なぜ、何を、どのように

生き生きと自由に描いたり、作ったりさせたいと願っていても、いざ、図工の時間となると、何をどう指導すればと苦慮するところです。

「何を教え、何を育て、何を引き出すのか」を考えてみましょう。そして、「なぜ、何を、どのように」の見通しが少しでもつけば、道が開けるのではないでしょうか。（本書を見て、ぜひヒントを）

### ●題材について

まず楽しい、わくわくする、と感じる「題材」を考え、見つけることです。そして、大切なことは、その「題材」を「子ども自身のテーマ」にすることです。「描きたい・作りたい」の気持ちを引き出すことです。

### ●画材・方法（技術）と表現について

「描きたいもの・テーマ」があってもそれだけでは、表現は生まれません。

表現には、2つの柱が必要です。表現内容と表現方法（技術・技法）の両輪が必要です。技術や技法を獲得する取り組みも大切にしたいと思います。

水彩絵の具だけでなく、クレヨン・パス、色鉛筆、チョーク、カラーフェルトペン、ボールペン、墨など、いろんな画材とも出合わせたい。

また、水彩絵の具ひとつをとっても、いろんな可能性を秘めています。のりで溶いた「のり絵の具」の表現。指や手のひらで描く。綿棒やつまようじで描くなど。

子どもたちとチャレンジしてみましょう。

いろんな表現技法とも出合わせたい。こすり出し（フロッタージュ）、きり吹き・ぼかし（スパッタリング）、たらし・吹き流し（トリッピング）、転写・合わせ絵（デカルコマニー）、貼り絵（コラージュ）など。低学年でも可能なものがあります。

幅広い表現方法を身につけることは、自由に描く・作るの獲得につながっていくことになるのではないでしょうか。

そして、最後には、やりとげた喜び、充実感、満足感を、ぜひ味わわせてあげたいと思います。

## 低学年の絵の具指導について

### ■まずは絵の具セットの準備から

何をするにも準備が大切。用具の善し悪しが、表現に与える影響もまた大きいものです。どうせ子どものものだからと安易にせず、子どものものだからこそ、先々のことも考え、よく検討して、必要かつ良いものを選びたいと思います。

セットを共同購入することが多いと思います。業者に頼んで、セットを組み替えてもらうことも考えてみましょう。

### ① 絵の具

児童用水彩絵の具（不透明・透明の両方可能な絵の具）で、できるだけ色数の多いものが、お勧めです。

ポリチューブは、丈夫だけど意外と扱いにくい。金属チューブが良いと思うのですが…。では、ラミネートは…。

### ② 筆

馬毛丸筆で、大（12号）、中（6号）、小（2号）の3本は欲しい。最近は、ナイロンの安くて良いものも出ている。コシがあって、毛先のそろうものを。

### ③ パレット

小部屋と広場があって、仕切の高い大きめでしっかりしたものを選びたい。

### ④ 水入れ

筆を洗う、すすぐ、溶き水用の仕切があって、長方形の安定したもので、上に筆置きがあるのが良い。

### ⑤ ぞうきん（布）

水の調節をしたり、筆の穂先をそろえたり、チューブの口をぬぐったり…。必ずいるものです。水の吸い込みのよい綿のものが良い。（最近は、化学繊維の混紡で、水の吸い込みの良いものもある。）

スポンジは、水の吸い込みが悪いので良くない。使うとすればパレットを洗う時。

※他に、パレットを洗う時、古い歯ブラシがあると便利。ティッシュもあると、なにかと便利です。

※バッグは、以上の用具が収まれば、できるだけコンパクトなものが良い。

### ■絵の具・用具の使い方

はじめの一歩が大切。取り出し指導でなく、表現活動の中で学ばせたい。くりかえし、ていねいに、順次指導して身につけさせたい。

### ●用具の置き方のやくそく●

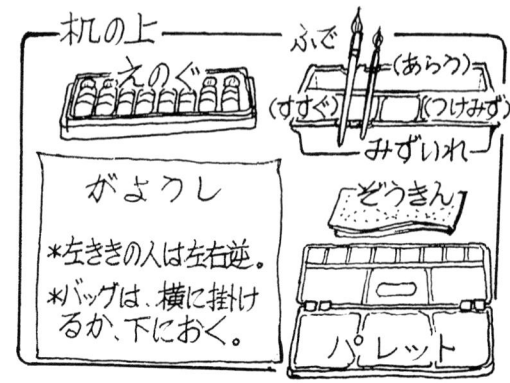

使いやすい置き方が基本です。いろいろ工夫してみましょう。画用紙が大きい

時など、より工夫が必要です。

● 水を汲んでくるやくそく ●
＊出入り口を決め、一方通行にする。
＊両端を両手で持って運ぶ、動かす。
＊水は多い方が良いが、はじめは半分くらいにする。
　水をこぼさないことが最も肝心です。

● パレットの中のやくそく ●

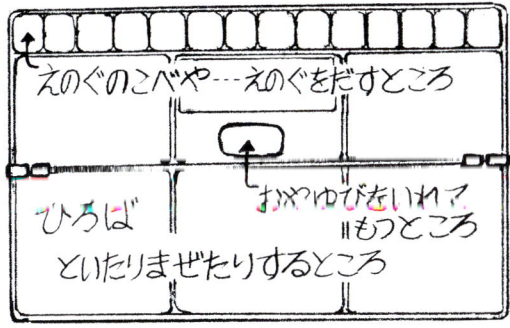

はじめのうちは、絵の具は、直接広場に出させる方が良い。

● 絵の具の出し方のやくそく ●
＊チューブのおしりをつまんで出す。
＊分量を考えて出す。（具体的に量を示す。豆つぶくらい、小指の先くらい、親指の先くらい、など。）
＊まあるく積み上げるように出す。
＊チューブの口をギュッと押し付けるようにして絵の具を切る。（先をふらない。）
＊口を布でぬぐって、ふたをきちんとしめて、箱にもどす。

● 筆の使い方のやくそく ●
＊まん中あたりをそっと持つ。
＊筆を立てて、そっと置いて描く。（強くおし付け、ギュギュとこすらない。）
＊同じところを何度もぬらない。タッチやリズムを大切にする。
＊紙の上に水を残さない。

● 絵の具の溶き方 ●
＊筆の準備。筆をしめらせる。

＊筆を洗ったあとも同じ。（そうしないと水が多くなりすぎる。）
＊水をとる時は、「スーッ、スッ」と。溶く時は、「グジュグジュグジュ」と。

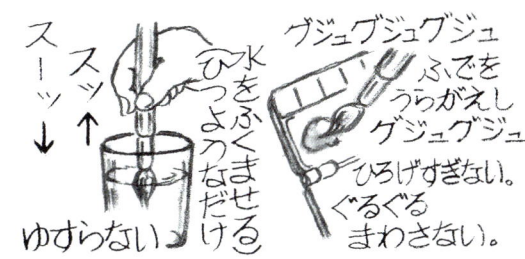

● 後始末は、次の準備です ●
　忘れがちだけど大切です。特にはじめのうちは、しっかり見守りたい。
＊パレット・筆はよく洗いよくふく。
＊水入れはよくすすいでおく。
＊ぞうきんはよく洗ってよくかわかす。かわいてからしまう。

（服部　宏）

福田　公美子

# はじめまして　よろしくね
―― 1年生になったよ ――

### 題材について

　1年生に入学して初めての図工の時間、真新しいパスを使って、画用紙いっぱいに自己紹介！自分の顔の周りには、大好きなものをいっぱいいっぱい描いていきます。
　まだ、ひらがなを学習していない段階でのとりくみなので、絵で自分を表現できるようにするのがねらいです。

### 手　順

① 　画用紙の真ん中に自分の顔をパスで大きく描く。
　＊顔は、まず、肌色で形を描き、その上にパスで、目、鼻、口、髪の毛を描いていくと肌色が黒で汚れない。
　＊パスは、チョコレート塗りでしっかりと塗る。

> **チョコレート塗りとは……**
> 板チョコのように隙間なくびっしりとパスで塗っていく技法をそう名付けました。

② 　顔の周りに、自分の好きなものをたくさん描いていく。
　＊画用紙いっぱいにたくさん描いていこう。

　好きな色だけではなく、なるべくいろいろな色を使ってみよう。

### 準 備 物

・画用紙（八つ切り）
・パス

福田　公美子

# 太陽の花
## ―― 紙皿を使って ――

### 題材について

2年生の教室を1年間飾る「太陽マーク」をつくろう。学年目標を囲むように個性豊かな太陽が輝いています！

### 手　順

① 紙皿の真ん中に自分の顔をパスで大きく描く。

顔を描くときは、肌色で輪郭を取って下地をお化粧するみたいに、先にぬっておくと仕上がりがきれいです。

② 自分の名前をフェルトペンで書く。

③ いろがみを紙皿のまわりにいろいろな形に切り取って貼っていく。

### 準備物

・紙皿
・のり
・パス
・はさみ
・いろがみ
・フェルトペン（油性）

# はじめまして　よろしくね
―― 1年生になったよ ――

ぼくは、くだものと、
こん虫がだいすき！
にんじんもたべられるよ。

わたしのだいすきな
ものを、いっぱいかいたよ。

# 太 陽 の 花
―― 紙皿を使って ――

＊名前は消してあります。（白い部分）

藤原　さやか

# しおりを作ろう！
―― 色を組み合わせて ――

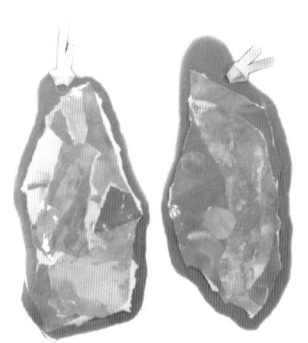

### 題材について

　筆を使わず、ぬるぬるとした気持ちのいい絵の具の感触を感じながら、手で色をぬり、やぶいて色の組み合わせを考えていきます。使い終わった絵の具のあまりでも制作できます。道具を使わず、自分の手や指の感覚で表現します。どの子も、色の組み合わせ方や形を考える事に抵抗なく取り組める題材です。

### 準備物

・コピー用紙（Ａ４）
・新聞紙
・絵の具
・絵の具をとく皿
・のり
・はさみ
・ラミネート
・穴あけパンチ
・リボン、ひも等

### 手　順

① 絵の具の用意をする。
　＊下に新聞紙をしく。
　＊絵の具をとく皿も用意する。

② コピー用紙に、手のひらや指を使って、絵の具を塗りたくる。
　＊一枚の紙の中に色の変化を入れた方がおもしろい。

③ 塗った紙をよく乾かす。

④ 絵の具を塗った紙を手でちぎり、形や色のバランスを見ながら組み合わせ、のりで貼り付ける。（裏と表をデザイン）

⑤ ラミネートをする。

⑥ しおりの形に合わせて、はさみで切りぬく。

⑦ 穴あけパンチで穴をあけて、リボンを通す。

- 絵の具を塗る紙は薄いものを使うと、重ねて貼り合せてもラミネートしやすい。
- 絵の具は、混色しすぎない方が微妙な色の変化が出やすい。
- 水は少なめにし、絵の具をしっかりと手でのばすと良い。

向　啓子

# 飛び出すクラッカー
── 大中小の筆を使って色々な線で描こう ──

### 題材について

　水彩絵の具を使い始めの時期の基本的な学習です。クラッカーをパーンとならして見せて、飛び出したクラッカーの様子を、一筆一筆丁寧に描いていきます。
「直線・波線・点線・渦巻きなどで描く。」
「色の選び方・大中小の筆の使い分けに慣れる。」がねらいです。
　自分の思いを生かしみんなをワクワクさせるクラッカー（飛び出しているところ）ができたときは、とっても楽しいのではないでしょうか。

### 準　備　物

・クラッカー
・パス（カラーフェルトペンでもよい）
・画用紙（八つ切りの8分の1・クラッカー用）
・はさみ
・のり
・絵の具セット
・色画用紙（明るい色・八つ切り）

### 手　順

① クラッカーが飛び出す様子を見て、絵に表すことを知る。

② 白の小さい画用紙にクラッカーの形をパスの好きな色で描き、切り取る。

③ 切り取ったクラッカーを好きな色画用紙に貼る。

＊貼る場所を考える。

④ 絵の具の準備をして、自分の好きな色3色を、パレットに出す。

＊色画用紙の色と響き合う色を考えて、3色の色を選ぶようにアドバイスする。
＊3色は、パレットの広場に別々に出す。

⑤ クラッカーから飛び出しているように、直線や波線、点線、渦巻きでもようを描く。

ワンポイントアドバイス

　1色目は、太筆で直線を、2色目は中筆で波線と渦巻き、3色目は細筆を使って点線をと使い分ける等、工夫させる。

⑥ 基本線を使ってのもよう以外に、クレパスを使って好きな絵を描く。

⑦ 用具の後始末

# しおりを作ろう！

―― 色を組み合わせて ――

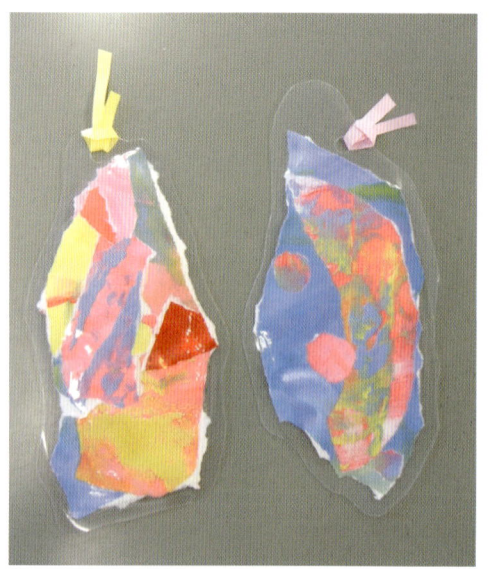

手や指を使って全体に色をつける。
＊ムラを残している方が、表情が出ておもしろい。

一枚の紙の中にも色の変化を入れた方がおもしろい。

破りあとを残しながら手でちぎり、センス良く、好きな形や色を組み合わせる。

ラミネートしてできあがり！

# 飛び出すクラッカー

―― 大中小の筆を使って
色々な線で描こう ――

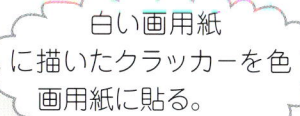
白い画用紙に描いたクラッカーを色画用紙に貼る。

1色目は、太い筆でまっすぐに描く。

2色目は、中筆で波線と渦巻きで描く。

3色目は、細筆で点線を描く。

できあがり！

- 仕上げは好きな図柄をパスやカラーフェルトペン等を使って、自由に描きます。
- 台紙に貼ってもいいですね。

# かわいいパンジー
── デカルコマニー（合わせ絵）で表現する ──

照田　律子

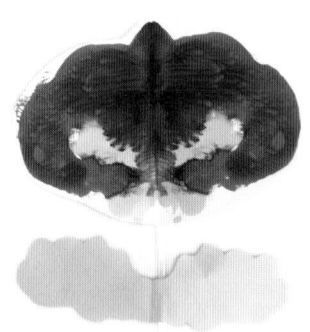

## 題材について

春になるとパンジーの花をよく見かけます。学校や家のプランターに咲くパンジーをデカルコマニーで表現してみましょう。

### 手　順

① 画用紙を半分に折る。

② 片面にパンジー色の絵の具を直接出す。

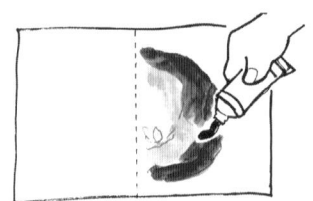

③ 半分にたたみ、強くこすって開くと、絵の具が微妙に混ざり合って、左右対称の不思議な形ができる。

④ 周りを切り、裏にストローをつける。

⑤ 2分の1にした折り紙を半分に折り、葉の形をはさみで切る。

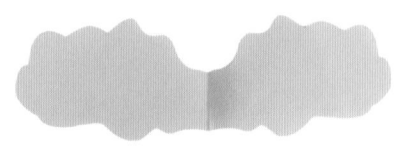
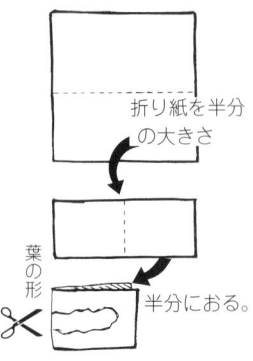

⑥ ストローをつける。

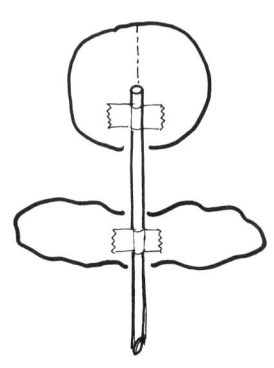

### 準備物

・絵の具セット
・画用紙（八つ切りの半分）
・ストロー
・緑系折り紙
・はさみ
・セロハンテープ

服部　宏

# ふくろやビンにはいったあめ玉
―― 白と混色して かたまりで描く ――

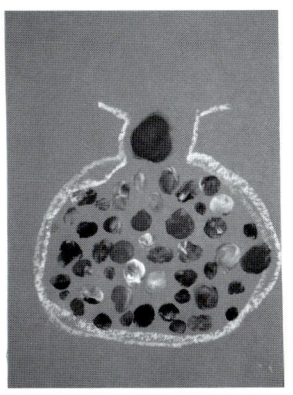

### 題材について

　ほのかな甘い香り。ワーイ！あめ玉だ！の歓声。「なに味が好き？」「イチゴ」「レモン」などから色を考え選んで、白と混色して明るく輝く『あめ玉』を描きます。

　絵の具をのりで溶いて混色して、指先でクルクルと小さなかたまりで描きます。

　袋やビンは、パスで描き、指先でぼかして、透明感が出せたらいいなと思います。

### 準 備 物

- ・あめ玉
- ・絵の具セット
- ・のり
- ・ティッシュ
- ・色画用紙（濃い色数種・八つ切りの4分の1）
- ・画用紙（八つ切りの半分・台紙用）

### 手　順

① 容器（袋やビン）に入ったあめ玉を見て話し合う。（匂い・味・色・形など）

② 色画用紙を選んで容器をパスで描く。
　＊輪郭を描く。（色・形は自由に）
　＊内側をぼかして、透明感を出す。

③ 描き方を考える、知る。
　＊白と混色して、明るい色をつくる。
　＊絵の具をのりで溶いて、指先で描く。

④ 好きな味の色（3色くらい）を選んでパレットに出す。

⑤ あめ玉を描く。
　＊どこから、どこに描くかは自由に。
　＊重なっているところも描かせたい。

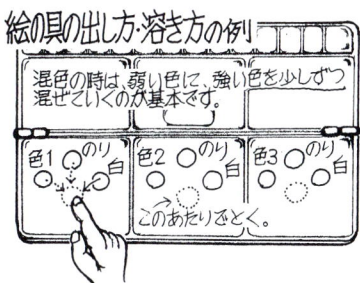

⑥ ふたをしたり、リボンを結んだりしてみよう。（ふたやリボンはパスで描く。）

⑦ 後始末をする。

⑧ みんなで絵を見合って、話し合う。

- 鑑賞も大切にしたいですね。絵の中に本物のあめ玉を混ぜてやったり、なめながら話し合ってもいいでしょう。
- 作品は台紙に貼るようにしたい。作品が映えます。作品を傷めません。

17

# かわいいパンジー

## ―― デカルコマニー（合わせ絵）で表現する ――

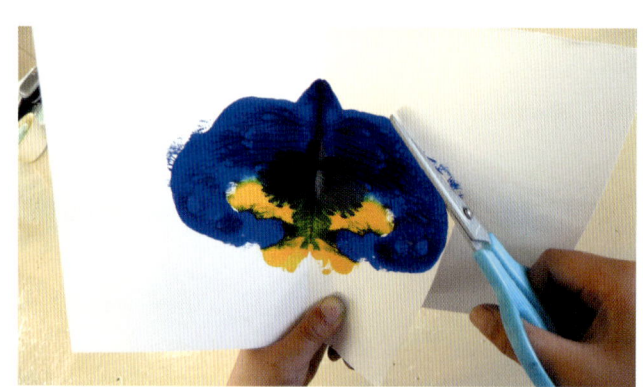

花になる部分をはさみで切る。

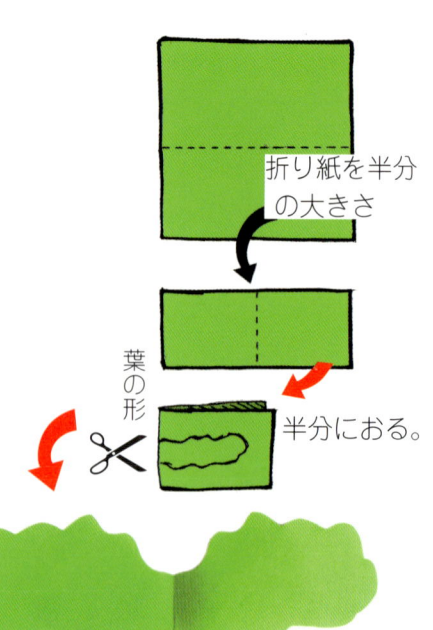

折り紙を半分の大きさ
葉の形
半分におる。


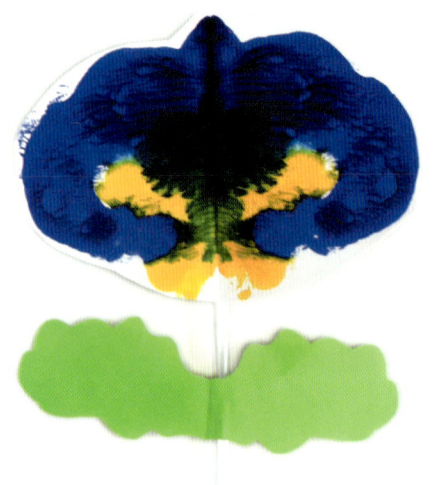

パンジーのできあがり

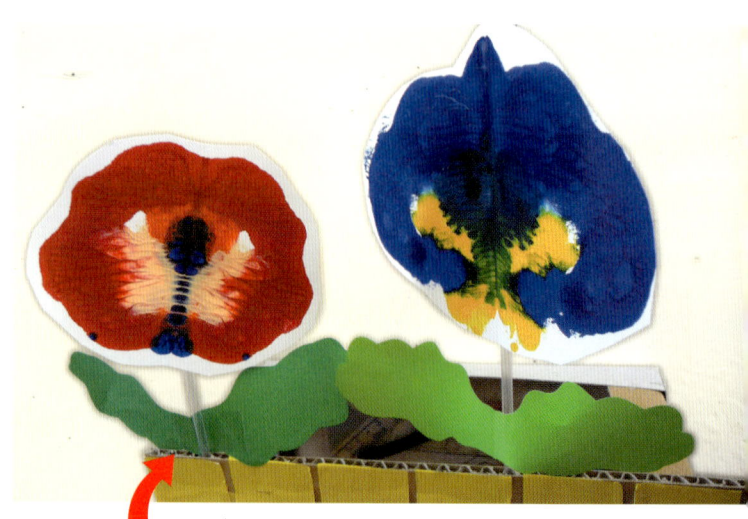

段ボールの断面にストローをさしたよ。

ワンポイントアドバイス

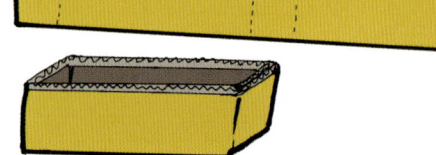

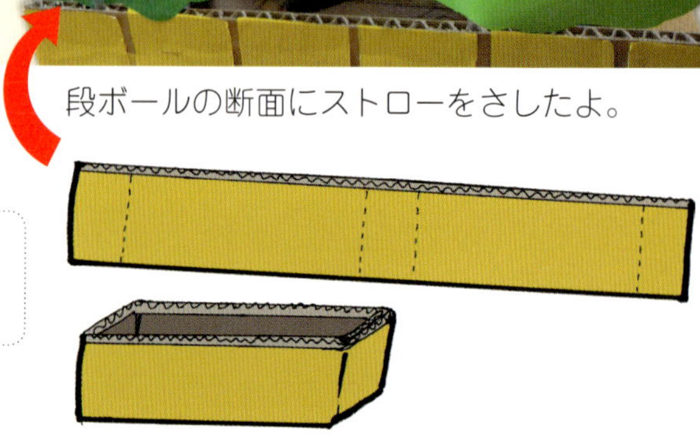

段ボールの断面にストローをさすとプランターになるよ。

# ふくろやビンにはいったあめ玉
―― 白と混色して かたまりで描く ――

- 容器（袋やビン）は、パスで描いた。ぼかして、すきとおった感じをだした。

- 「なに味が好き？」「レモン」「イチゴ」…等から、色を考えた。
  白との混色で、明るい色をつくることにした。

- 絵の具を「のり」で溶いて、指でクルクルと小さなかたまりにして描いた。

- 白で、ハイライトを描いて、輝くようにした。

内海 公子

# ドーナツ屋さん
── いいにおいの おいしそうなドーナツをのり絵の具で描こう ──

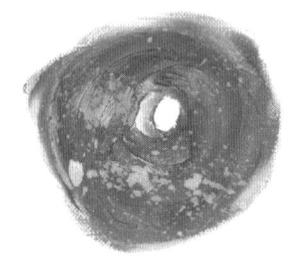

### 題材について

「今日はドーナツ屋さんになって、おいしいドーナツをたくさん描きましょう」と子どもたちに知らせます。「わたしはポンデリングがいい」、「ぼくはステイックがいい」といろいろな声が返ってくるでしょう。今日は絵の具の指導というより、絵の具で遊ぶことをねらいにしました。水彩絵の具にのりを混ぜてのり絵の具を作り、指で描いていきます。短時間でできるので、いくつもドーナツを描くことができます。のり絵の具で果物や花や人物といろいろ発展できます。

### 準 備 物

- ・のり
- ・絵の具セット
- ・画用紙(八つ切り)
- ・歯ブラシ
- ・バニラエッセンス
- ・プリンカップ
- ・布かティッシュ（ふき取り用）

### 手 順

① どんなドーナツを描くのか考える。

② 用具の準備（画用紙、絵の具、のり）

③ 描きたいドーナツの色の、のり絵の具を作る。

プリンカップにのりと絵の具をまぜてのり絵の具をつくる。

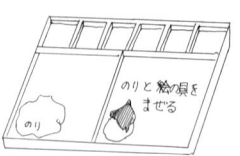

**ワンポイントアドバイス**
水は使いません。のりの量で濃淡ができます。指で描くので、ふき取り用の布かティッシュを必ず用意する。

④ 指にのり絵の具をたっぷりつけて、ドーナツを描く。円いドーナツは中心から外に向かって描く。

⑤ 形が描けたら、砂糖※をまぶす。

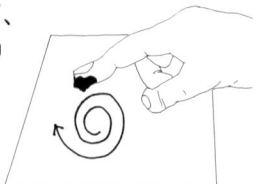

**ワンポイントアドバイス**
※プリンカップにつけたい砂糖の色を作る。そこに、バニラエッセンスを2, 3滴落とすと美味しそうな砂糖ができる。

＊砂糖の絵の具を歯ブラシにつけて、親指ではじく。
（カラーページ P.22 参照）

⑥ ボードに貼って、いろいろなドーナツを見て楽しむ。
（鑑賞会）

服部 宏

# やきそば・スパゲッティ
―― パスを使って いろんな線で描く ――

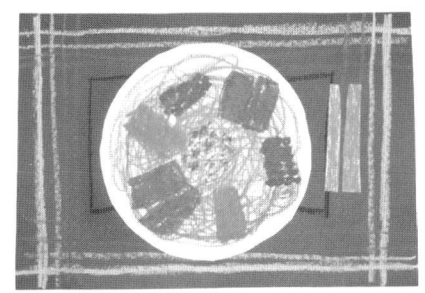

### 題材について

「どちらがお好みですか」――料理人になったつもりで『やきそば』や『スパゲッティ』を、パスのいろんな線で描きます。

好きなもようを描いたランチョンマットをしいて、好きなもようを描いたお皿をのせて、その上にグルグルと描きます。トッピングもして、おいしそうなにおいもしてくるように描けたらいいなと思います。

### 準備物

- パス
- はさみ
- のり
- ティッシュ
- 色画用紙（濃い色数種・23cm×34cm）
- 画用紙（19cm×19cm・お皿用…径18cmの紙皿をなぞって円を描いておく）
- 画用紙（八つ切り・台紙用）

### 手順

① 『やきそば』や『スパゲッティ』を描くことについて、話し合う。

② 色画用紙を選んで、ランチョンマットのもようを描く。（いろんな線描で）

**ワンポイントアドバイス**
- 画用紙も大切な表現の一部、イメージを広げる第一歩です。色画用紙を使ってみるなど、工夫してみましょう。

③ 画用紙から円板を切りぬいて、お皿をつくり、好きなもようを描いて、貼る。

④ "料理人になったつもり"で、お好みに合わせて、『やきそば』や『スパゲッティ』を描く。
　＊グルグル線で、盛りつけていくように描く。

- 「さあ、トッピングもしよう」「料理人の腕の見せどころです」などの声かけをするのもいいでしょう。

　＊おいしそうなにおいもしてくるような『やきそば』や『スパゲッティ』の、できあがりです。

⑤ 「あれっ、どうやって食べるの？」
おはしやフォークも描く。
　＊お皿を切りとって余った画用紙で、おはしやフォークをパスで描く。
　＊切りとって貼る。

⑥ 作品を見合って話し合う。

〈作品を台紙に貼る〉
　＊子どもには意外とむずかしい。貼ってやった方がいいと思います。

# ドーナツ屋さん
―― いいにおいの おいしそうなドーナツをのり絵の具で描こう ――

バニラエッセンスを2,3滴落とす。

白い絵の具を水にとかす。

バニラエッセンスを落とした白い絵の具を、歯ブラシにつけて、親指ではじきながら、ドーナツの絵にまぶす。

仕上がった作品をならべると、本当にドーナツ屋さんにいるようです。あま〜いバニラの香りが、教室いっぱいに広がります。どのドーナツもとってもおいしそうです。

# やきそば・スパゲッティ　　――パスを使っていろんな線で描く――

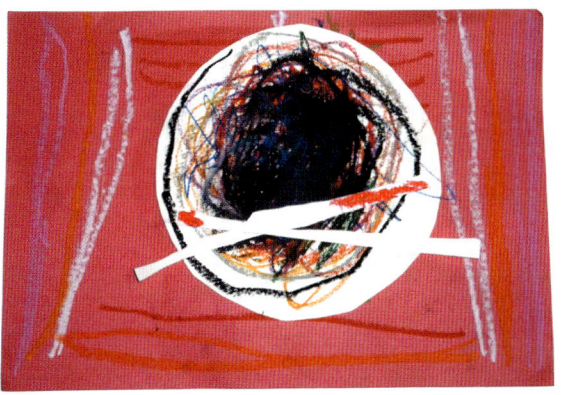

ランチョンマットやお皿の"もよう"がすてきです。

ワァ～イ！おいしそう。おいしそうなにおいもしてきます。

今田　美恵子

# えんどう豆むいたよ！
―― のり絵の具を使って指で描く ――

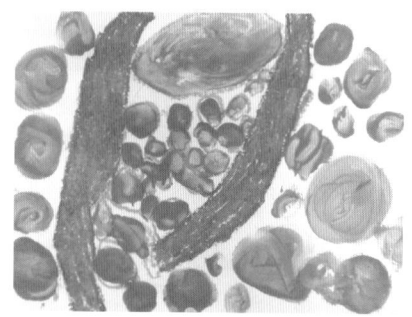

### 手　順

① グループにえんどう豆を配り、初めは個人で豆の感触を言い合う。すじを取り、中の様子を話し合い、全員で残りのえんどう豆をむく。

② 全員がむき終わったら、あらかじめ取っておいた見本用の豆を班に配る。のり絵の具（のりと絵の具を混ぜたもの P.22 参照）の黄緑や緑を配る。

③ 見本のえんどう豆を見て、造りや色、形などを再確認する。

④ 緑や黄緑を混ぜながら、指で、自分の感じた豆を描く。

⑤ 最後にパスで豆のさやなど描き入れる。

⑥ みんなで鑑賞会をする。

### 題材について

5月の学校給食の献立に「豆ごはん」がでます。市内で採れたえんどう豆を使うのですが、それぞれの小学校の1年生がさやから一粒一粒取り出します。そして、自分の目で、指で、鼻で感じたことを絵で表します。この春採れた、えんどうの豆むきは生活科と図工科を合わせた学習になり、初めての絵の具遊びとしても適していると思います。

### 準　備　物

・えんどう豆(給食の豆ご飯用)
・のり
・絵の具セット
・画用紙(八つ切り)
・パス

一番大事なのは、初めて触れたり、むいたりして感じた事です。感触や感動をみんなで共有し、その気持ちを維持しつつ、画用紙に向かわせたいです。

福田　公美子

# にじいろ かたつむり
―― はじめての絵の具 ――

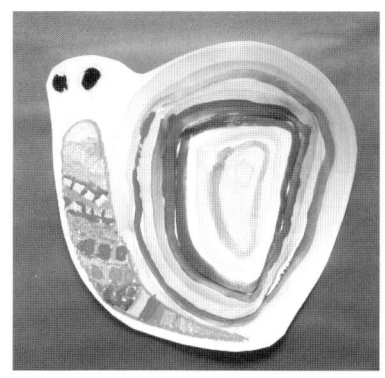

> *こんなお話といっしょに*
> かたつむりが、紫陽花の花の上を歩くたびに、殻がお花の色になっていきます。すると、いつのまにか、殻が虹色に輝いているではありませんか。不思議な不思議なかたつむりのお話でした…。

### 手　順

① パスでかたつむりのカラダを描く。

② 絵の具の黄色でカラの一番外側に、輪を描く。

③ オレンジ色（朱色でもよい）でその内側に、輪を描く。

④ 赤、黄緑、緑、青と単色で、輪を描く。

⑤ 赤と青を混ぜて紫を作り、輪を描く。

⑥ 自分で２色を選び、混色して色を作り、輪を描く。

⑦ 輪をどんどん内側に描いて完成させる。

### 題材について

２年生になって、図工の時間に初めて自分の絵の具を使うことになり、子どもたちは、ワクワク、ドキドキ。「いろんな色があるね！」「パレットってどう使うの？」みんな興味津々です。

ここでは、絵の具の基本を学ぶことをねらいとしています。虹色を画用紙にのせていくことで、絵の具を単色で使ったり、混色して自分で色を作っていく練習として、この題材を設定しました。

- 絵の具は、弱い色から使っていく。
- 一度描いたところは、なぞりがきをしない。

### 準　備　物

・画用紙（八つ切り）
・絵の具セット
・パス

# えんどう豆むいたよ！
―― のり絵の具を使って指で描く ――

ぷっくりとした　さやの感じと、つやつやした大きな豆ができました。

自分の思った以上の豆が「いっぱい入っている」のが、わかります。

豆のさやにつながっている様子がしっかり描けました。

# にじいろ かたつむり
## ―― はじめての絵の具 ――

ろうかに展示　梅雨の季節をイメージして

照田　律子

# ぴちぴち ちゃぷちゃぷ ランランラン
―― 雨の日を楽しむ ――

## 題材について

　雨の日は何となくおっくうになりますが、子どもたちは水たまりに入ったりして楽しんでいます。そんな日常を表してみませんか？雨の中をお気に入りのかさをさしながら歩く楽しさを表しましょう。

### 手　順

① 雨の日の様子を話し合う。

② さしてみたいかさの色や模様をイメージする。

③ 図のようにかさを折り紙でつくる。

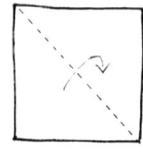 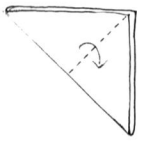 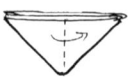 

④ 折り紙で作ったかさに色鉛筆で模様を描く。

⑤ 画用紙の上にかさを貼る。

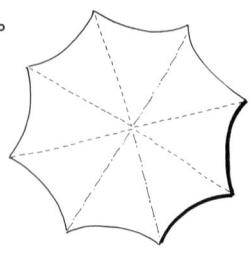

⑥ かさをさしている自分を、パスで描く。

⑦ パレットに雨にする色を出し、水を多めに入れる。

⑧ 雨の色を歯ブラシに付け、画用紙の上の方から描く。

（④、⑦、⑧カラーページP.30参照）

### 準 備 物

・画用紙(八つ切り)
・絵の具セット
・使い古しの歯ブラシ
・色鉛筆
・パス
・折り紙

照田　律子

# ガクアジサイ
## ── 梅雨の代名詞を点描とスタンプで ──

### 題材について

　梅雨の代表的な花にあじさいがあります。校庭や家の周辺に雨に打たれたあじさいは初夏の風物詩です。ガクアジサイのつぶつぶの花、周りの花びらのようながく、その色や形のおもしろさを味わいましょう。

### 手　順

① ガクアジサイの花のつくりをみる。

② 中心部の花を点描で描く。

　＊筆の先でちょん、ちょんと、リズミカルに描く。

ちょん、ちょんと絵の具をおくようにして描く。

③ ガクは、指に絵の具をつけて、スタンプする。

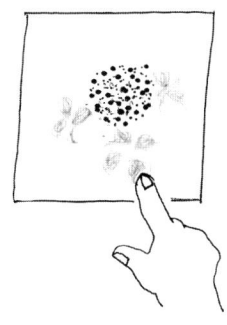

指でちょん、ちょん

④ 葉の裏に絵の具をつけ、葉を花の周りにつけていく。

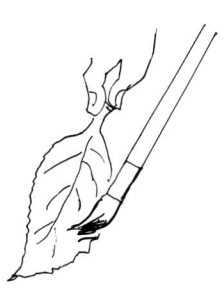 

### 準　備　物

・画用紙(正方形)
・絵の具セット
・ガクアジサイ

# ぴちぴち ちゃぷちゃぷ ランランラン
―― 雨の日を楽しむ ――

ザーザー雨がふってきたよ。
はやくお家に帰ろう♪

水たまりに入ったよ。

放射状に模様を描こう

絵の具は、パレットの広場に出すと、歯ブラシが扱いやすいね。

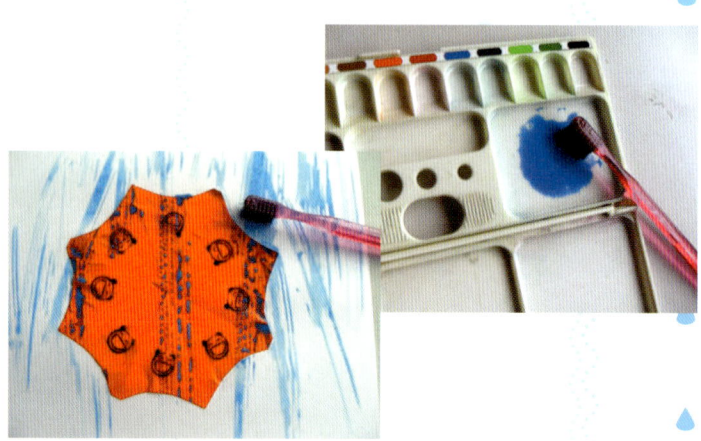

# ガクアジサイ

―― 梅雨の代名詞を
点描とスタンプで ――

色画用紙に貼ると…

葉の裏に絵の具をつけたら
こんなすてきな葉に変身！

色画用紙に描いてみてもすてきだね。

阿野　美佐子

# 生き物と友だち
―― 生き物をダイナミックに描こう ――

## 題材について

　子どもたちには、いろいろな生き物と触れ合ってほしい、いっぱい遊んで世話もして友だちになってほしい、と思います。
　そして、大好きになったその友だちを絵に描いてほしいと思います。ダイナミックに――。

## 準　備　物

・色画用紙(八つ切り・白を含むいろいろな色)
・生き物
・筆ペン
・絵の具セット
・のり(洗濯糊)

## 手　順

（事前の活動）

　まずは生き物と十分に触れ合う活動を、理科や総合的な学習の時間などにしましょう。描く意欲作りは大切にしたいものです。私のクラスでは、アゲハチョウ・ウシガエル・モズクガニ・ザリガニなどを飼って遊びました。

① 自分が描きたい生き物を決める。

② 色画用紙の色を決める。

③ 筆ペンで生き物を描く。
　（筆ペンで描くとダイナミックな線になります。）

④ 生き物を彩色する。
　＊生き物の色を絵の具を混色するなどして作る。
　＊水の代わりに洗濯糊を入れ、のり絵の具を作る。
　＊筆は使わずに、指を使ってダイナミックに彩色する。

⑤ 絵の具が乾いたら、パスで仕上げをする。

⑥ 鑑賞会をする。

福田　公美子

# かにたろう
## ── カニとあそぼう ──

### 題材について

　生き物係を中心にクラスで飼っているカニのたろうも大切なクラスの一員。「もしも、体が小さくなったら、かにたろうと何して遊ぶ？」という空想の世界を絵に表現してみました。みんなとっても楽しそう。かにたろうもうれしそうだね。

### 手　順

① 画用紙いっぱいにカニの輪郭をパスで描く。

② カニをパスで着色する。

③ フェルトペンで人物を描く。

④ 人物をパスで着色する。

⑤ 時間があれば、背景をにじみで表現する。
（水色の色画用紙を使用すると背景の処理はしなくてよい。）

 ワンポイントアドバイス

- カニの輪郭は、黒や焦げ茶色など、濃いパスを使う。
- カニは、チョコレート塗り（P.8参照）で表すと質感が出る。
- の部分も茶色一色ではなく、いろいろな色があることを知らせる。
- にじみは、絵の具を使った技法で、水の中にいる様子が表現できる。大きな刷毛で画用紙いっぱいに水をつけ、絵の具を筆で置いていく。色は2色か3色にする。水が乾かないうちに絵の具を置くと、周りに広がっていききれいである。また、パスは、水をはじくので、少しの時間で背景の処理ができる。

### 準　備　物

・画用紙(四つ切り)
・フェルトペン(油性)
・パス
・絵の具セット(時間があれば)

# 生き物と友だち

—— 生き物をダイナミックに描こう ——

カニの毛まで描いています。さわった感触が伝わってきます。

ザリガニが一番好きなんだね。

紙ねん土で作って彩色しました。

# かにたろう
―― カニとあそぼう ――

カニは、ハサミから描いてもおもしろいね。カニの体には、小さな毛がいっぱい生えているよ。

カニを斜めから描いてみると――。

カニの友だちも描いてあげよう。体の一部分を描くのもいいね。絵の中にたくさんのお話をちりばめたら、楽しい絵になるよ。何をして遊んでいるのかなあ。

内海　公子

# カニさんカニさん
—— 筆を使わず手のひらと指で楽しく描く ——

### 手　順

① 自分の描きたいカニを考える。
　＊海で見つけたカニ、食べたカニなど思い出させ、カニの特徴を話し合う。

② 自分の描きたいカニの色を作る。

**ワンポイントアドバイス**
カニの色は赤色にしがちなので、赤色にこだわらないよう声かけをする。

③ 中心となるカニを描く。
　＊手のひらに絵の具をたっぷりつけて、画用紙に押しつけてカニの甲羅を描く。カニの足は指で描く。

**ワンポイントアドバイス**
絵の具で手が汚れることを嫌がる子どもには、無理にさせなくてもよいが、手に絵の具をつける楽しさも味わわせたい。

④ 2匹目からは、自由に大きさや色や形も変えながら描く。目をつけて表情を出す。

⑤ 砂浜や海辺の背景を描く。
　＊海辺は絵の具で色をつけたり、チョークでぼかしたりして表す。砂浜は必要に応じておがくずをボンドでつけて表す。

⑥ 鑑賞会をする。

### 題材について

低学年ではまず、絵の具で表現することの楽しさをしっかりと体を通して味わってほしいと思います。筆圧の弱い子どもたちの絵の具学習の導入では、筆がなくても手のひらや指を使っても楽しく自由に描けることを知ったり、絵の具の感触を指先で感じさせたりすることが大切だと思います。
自分の手で直接描いたカニは子どもの姿です。遊びながらおしゃべりしながらたくさんのカニさんを描かせましょう。
（中・高学年では周りの様子や背景を描き加えることで「海の世界」へとさらに発展できる題材になると思います。）

### 準備物

・画用紙（八つ切り）
・絵の具セット
・おがくず、ボンド、チョークなど必要に応じて

照田　律子

# 冷たーいかき氷
## ── 絵の具の濃淡で表す ──

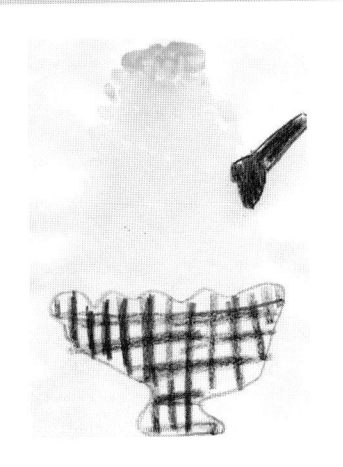

### 手　順

① かき氷を入れたい器をパスで描く。
　＊器は画用紙の下の方に描く。

② 好きなシロップの色をパレットに出す。

　♪お皿が一つありました♪
　　上からシロップかけましょう
　　だんだんお水をたしましょう
　　あっという間にかき氷♪

　と歌うと楽しいね。

③ 画用紙の上の方から、点描していく。

> **ワンポイントアドバイス**
> 画用紙上に指でかき氷の大きさを描いてみると、見通しがつくよ。

筆先でちょん、ちょん

④ 水と絵の具を筆で調節しながら、点描していく。

> **ワンポイントアドバイス**
> 水を入れ、だんだんうすくぬるといいよ。

### 題材について

　初めての絵の具指導の一つで、一色の絵の具に水を入れ、だんだん淡くしていく表現方法です。まず濃い絵の具で点描し、水を序々に入れて点描していきます。すると，まるでかき氷のようになります。

### 準 備 物

・画用紙(八つ切り)
・パス
・絵の具セット

# カニさんカニさん
## ―― 筆を使わず手のひらと指で楽しく描く ――

〈色のついたおがくずの作り方〉

いろいろな色のおがくずを作っておくと、砂絵にしたり、いろいろな作品にも使えます。

手の平に描きたいカニの色をたっぷりつけて、カー杯画用紙に押しつけます。

砂浜はおがくず（色のついたおがくず）をボンドではりつけて、雰囲気をだします。

# 冷たーいかき氷 —— 絵の具の濃淡で表す ——

「あーっ冷たい！レモン味。」

「スプーンもそえて召し上がれ。イチゴ味のかき氷。」

**ワンポイントアドバイス**
水を入れ、だんだんうすくぬるといいよ。

「メロンシロップのかき氷だよ。」

服部　宏

# わたがし（わたあめ）
── パスでぼかしを生かしてグルグルがきで描く ──

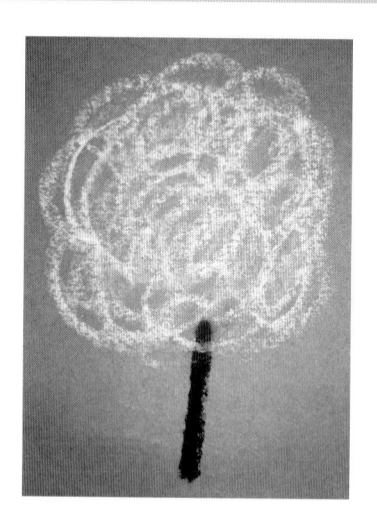

### 手　順

① 『わたがし』について、話し合う。

**ワンポイントアドバイス**
- 描かせたい題材を、子ども自身の描きたいテーマにすることが大切です。
- 描きたいな！描いてみよう！の気持ちにさせる、導入を大切にしましょう。

② **色画用紙を選ぶ。**
＊わたがしの白が映える濃い色の色画用紙を、数種類準備したい。

③ **パスで、棒を描く。**
＊〝グッグッ〟と力を入れて、太い線で描く。
＊真ん中の下の方に描く。

④ **パスで、わたがしを描く。**
＊〝グルグル〟と描く。
＊指やティッシュで、ぼかす。
＊また、〝グルグル…〟と描く。
＊〝ふんわり〟〝ふわふわっ〟と、ふくらましていく。

**ワンポイントアドバイス**
- ギュッギュッと描く、ぬり込める、ふんわり描くなど、力をコントロールすることや、ぼかして描くなど、パスの特性を生かすことを大切にしたい。質感を感じとり表現することに、つながります。

⑤ **作品を見合って、話し合う。**
〈作品を台紙に貼る〉

### 題材について

パスの特性を生かして、ふんわりふわふわ・あまーい『わたがし』を描きます。

パスでグッグッと力を入れて、太い線で棒を描きます。その棒に、わたがしをつけていきます。パスでグルグルと描いて、指やティッシュでぼかして、また、パスでグルグル描いてふくらませていきます。ふんわり感がだせたらいいなと思います。

### 準備物

・パス
・色画用紙（濃い色数種・八つ切りの4分の1）
・画用紙（八つ切りの半分・台紙用）
・ティッシュ

服部　宏

# しゃぼん玉とばそ！
―― 直描き・重ね描きで描く（濃淡・にじみ・ハイライト）――

## 題材について

　しゃぼん玉は楽しい遊びです。吹き方ひとつで、大きい・小さい・連続したいろんな、虹色に輝くしゃぼん玉が生まれます。

　楽しく遊ぶ『しゃぼん玉とばそ！』を、絵の具の〝直描き〟で描きます。

　人物（自分）は、〝はだかんぼがき〟で、しゃぼん玉は、濃淡・にじみ・ハイライトを生かして、重ね描きで描きます。

## 準備物

・シャボン玉
・色画用紙（灰色・紫色・空色などうすい色・24cm×16cm）
・画用紙（八つ切りの半分・台紙用）
・絵の具セット

## 手順

① しゃぼん玉遊びについて、話し合う。

② 絵の具を準備して、色画用紙を選ぶ。

③ 自分を〝はだかんぼがき〟で描く。
　＊画面の下の方に、右・左・真ん中などは自由に描く。
　＊ストローで吹いている所がポイント。
　＊重ね描きで、服や顔の表情を描く。

〝直描き〟について
　学校現場で、鉛筆で下描きして、彩色する〝塗り絵方式〟をよく見かけますが、これだと形が主で色は従になりがち。人物なども動きの少ないパターン的な表現になりがちです。
　実は、水彩絵の具は、〝直描き〟が基本なのです。描くスピードも速いし、色彩の鮮やかさも生かしやすいし、重ね描きで形の修正のしやすさもあります。

〝はだかんぼがき〟について
　肌色で、かたまり描き、ふくらまし描き（直描き）で、人物を描き、そのままだと、はだかなので、あと重ね描きで、服や顔の表情を描く方法を、そう名付けてみました。（ペールオレンジや明るいだいだいを使うか、茶と白の混色でつくる。）

④ しゃぼん玉を描く。
　＊白を中心にいろいろな色があっていい。
　＊大きいの、小さいの、連続したのなど楽しみながら、濃淡を生かして、クルクル、ふくらましながら描く。
　＊虹色に輝くしゃぼん玉を、重ね描きでにじみやハイライトを生かして描く。

⑤ 後始末をする。

⑥ 作品を見合って、話し合う。
　〈作品を台紙に貼る〉

# わたがし（わたあめ）

―― パスでぼかしを生かして
　　　　　グルグルがきで描く ――

パスでグルグルと描いて、
指やティッシュで、ぼかして、また、パスで
グルグル……ふんわりふくらました。

## （参考作品）

絵の具で描いた
わたがし

白を使って、濃淡を生かして描いた。

# しゃぼん玉とばそ！
—— 直描き
　　重ね描き
　　　で描く ——

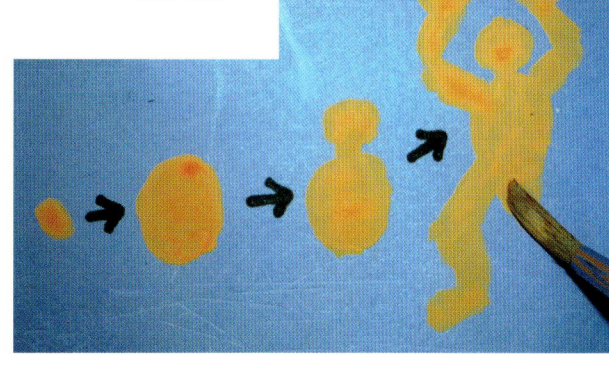

「はだかんぼ」描き
- 体の中心、おへそのあたりにトンとおいて、グルグルと体を描く。
- 首を描いて頭（顔）を描く。
- 手足を描く。
どこから出ているか、肩や腰を意識させましょう。
曲がる所（関節＝肘や膝）も意識しながら描きます。

（参考作品）

『みんなでしゃぼん玉で
　　　あそんだよ』

小菅　盛平

# 夏の夜に光るモノ・うごくモノ
―― 体験をもとにイメージをひろげて描く ――

## 手　順

① 夏の夜のことを話しあう。

＊夏休みの体験、楽しかったことや貴重なこと、怖かったこと等が出てくるだろうが、次第に夜の話に移行させていく。

② 暗い空と暗闇を描く。

＊絵の具…黒、こげ茶、あい、深緑、紫などの濃い色に、灰色や、黄土色などをまぜて、暗い色、暗いけどやや明るい色を作る。山や木で緑っぽくなったり、青っぽい暗闇にする。灰色をたすと少し明るくなる。水をまぜるとうすい明るさができる。

＊イメージに合わせてタッチやストロークで描く。空や闇を少しずつ広げるように描いていく。

③ 雲や山、木、水、川、建物、道などを描く。

＊昼間ではなく夜なので、黒か灰色をまぜる。

④ 光るモノ・うごくモノを描く

＊光るモノ、うごくモノについて話し合う。
ホタル、星、花火、イルミネーション、ライト、電気…。

＊灰色や白をまぜて、明るい色を作って描く。

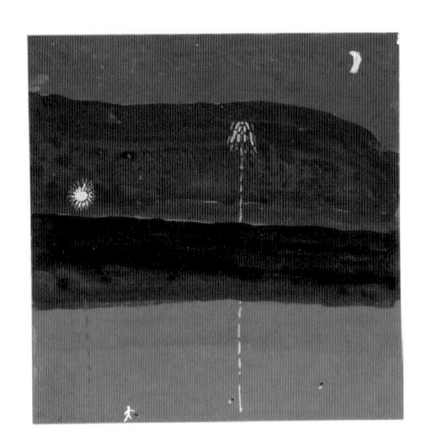

## 題材について

子どもにとって夜はこわいもの、でも気になる、楽しいものでしょう。暗闇への挑戦は、自立への一歩、通過点として位置づけます。

今、本物の暗闇はほとんどありませんが、あるものを手掛かりにイメージを作りひろげていきます。

暗さの中に明るさを見つけて灯していく、と同じように、絵の具で暗さと明るさを表現させましょう。

夏休み明けにふさわしい題材です。

## 準備物

・絵の具セット
・色画用紙(八つ切りの半分をやや切り落とした位・茶、あい、こん、ときわ系のうすい色数種)

### ワンポイントアドバイス

● 暗さの体験を個別に引き出す。
● 明るいもの、光るものには必ず「白か灰色」をいれる。

照田　律子

# どこでもキャンバス
## ―― ガラス絵で楽しもう ――

### 手　順

① 季節を感じる出来事や様子を話し合う。

② パレットに使いたい色を出す。

③ 絵の具の濃さを工夫してガラスに描く。

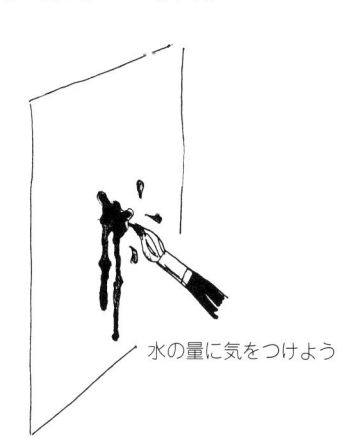

水の量に気をつけよう

### 題材について

　学校の教室や廊下の窓ガラスに、季節感たっぷりの絵を描いてみましょう。

　普段使っている絵の具で描くので、ふき取る事ができます。内からでも外からでも明るく楽しくなります。

### ワンポイントアドバイス

- 水の量が多いと、絵の具が流れて、絵が泣いているようになるから気をつけてね。
- ガラス面がはじく時は、魔法の粉（洗濯用洗剤）を筆先につけて描くといいよ。

### アレンジ&チャレンジ

- ふき取れば何回でも描き直せるよ。
- 季節が移り変わるごとに変えていくと、生活が楽しくなるね。

### 準 備 物

・絵の具セット
・洗濯用洗剤

# 夏の夜に光るモノ・うごくモノ
―― 体験をもとにイメージをひろげて描く ――

静かな夜だ。暗い夜でも、じっと闇を見つめていると見えてくる。空には三日月がかかりうっすらと青く広がっている。山も、湖も、湖に映った山もみんな語りかけてくるようだ。心と目を研ぎすませるといろんなモノが見えてくるから不思議だ。

空には花火、月も出ている。地上にはホタル…かがやくモノがいっぱい描かれた。イメージが次々と生まれてくるめぐみちゃんは、きっと心の中も、楽しさ、明るさでいっぱいなのだろう。

花火がつぎつぎと上がり、暗い空がかがやいている。光を浴びた建物や山、空も喜んでいるようだ。

オヤオヤ何やら動きだした。羽がはえてとんでいるモノ、しっぽがはえているモノもいる。おばけかな？雲や山のむこうからつぎつぎと出てくる…そんな雰囲気だ。けんと君がつくり出した奇妙だが楽しい世界だ。

# どこでもキャンバス　——ガラス絵で楽しもう——

ガラス窓に描くのは楽しいよ。
わくわくするね。

校舎とコラボレーションしてるね。

カーテンをするとゆらゆらゆれて動いて見えるよ。

47

服部　宏

# ぶどう
―― のり絵の具で 指先で かたまりで描く ――

## 題材について

　実りの秋。季節のくだもの。鈴なりの一房の『ぶどう』を描きます。重なり合った房の、そのふくらみを描いてみましょう。

　絵の具をのりで溶いた"のり絵の具"で指先を使って、クルクルと小さなかたまりで、一粒一粒ていねいに描いていきます。

　ハイライトを描くと、一粒一粒のふくらみが、その輝きが、増していきます。

## 準備物

・絵の具セット
・のり
・色画用紙(うすい灰色、水色、紫色など・八つ切りの4分の1)
・画用紙(八つ切りの半分・台紙用)

## 手　順

① 『ぶどう』について、話し合う。

② 絵の具、のりを準備し、色画用紙を選ぶ。

③ 青いぶどうにするか、紫(赤と青の混色でもいい)のぶどうにするか、色を決めてパレットに出す。白、のりも出す。

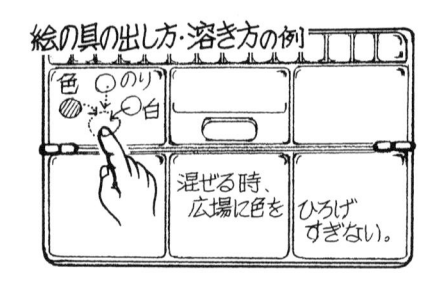

④ **指先で、一粒一粒、ぶどうを描く。**
　＊クルクルと小さなかたまりで描く。
　（指先だと意外と描きやすい。のりとの混じり具合で、微妙な色の変化が生まれる。指先の感触を楽しませたい。）
　＊白との混色で、明るい色をつくって描かせたい。
　＊重なった所も描かせたい。

> **ワンポイントアドバイス**
> ・色を変える時、別の指を使って描いていた子がいました。そんな"二本指法・三本指法"で、描かせるのも、ひとつの方法です。

⑤ **ハイライトを描く。**
　＊白で、チョン、チョンと描く。

⑥ **枝や葉を描く。**
　＊のり絵の具で、指先を使って描く。
　＊パスで描いてもいい。

⑦ 後始末をする。

⑧ 作品を見合って、話し合う。
　〈作品を台紙に貼る〉

服部 宏

# ビー玉 ころころ
## ── 画面上でビー玉遊び・パスで かたまりで描く ──

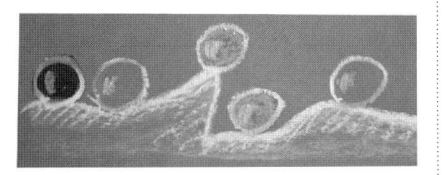

### 手 順

① ビー玉について、話し合う。

② パスを準備し、色画用紙を選ぶ。

③ ビー玉が、ころがる道を線で描く。
 ＊パスでグッグッと少し力を込めて、ゆっくり描く。
 ＊色は、色画用紙に合わせて選ぶ。（まよったら白がお勧め）
 ＊道の下は色をぬり、ぼかしてもいい。

**ころころ道 の例**
- 波型の道
- 山道
- ガタガタ道
- 坂道

### 題材について

子どもたちは、キラキラ輝くものが大好きです。ビー玉遊びが大好きです。『ビー玉ころころ』を描く中で、ビー玉遊びをウーンと楽しめたらいいなと思います。

パスでころころ道を描きます。（線描）

カチンとかたいビー玉を、いろんな色のパスでグッグッ・クルクルと力を込めて描きます。ハイライトで輝きを描きます。

④ ころがるビー玉を描く。
 ＊いろんな色（赤青黄緑）のビー玉を描く。
 ＊少し力を込めて、グルグルとまあるく描く。（カチン！と硬い感じをだせればいいな。）

⑤ 白のパスでハイライトを描く。

**ワンポイントアドバイス**
- いろいろな色のパスを使うと、パスの先に、別の色（汚れ）がついてしまいます。小まめに、ティッシュなどでふきとりましょう。

### 準備物

・パス
・いろんなビー玉
・ティッシュ
・色画用紙（濃い色数種・7.5cm×25cm）
・画用紙（9.5cm×27cm・台紙用）

⑥ 作品を見合って、話し合う。
〈作品を台紙に貼る〉

# ぶ ど う
―― のり絵の具で 指先で かたまりで 描く ――

秋の

実りを

描く

# ビー玉 ころころ
―― 画面上でビー玉遊び・パスで かたまりで描く ――

**ワンポイントアドバイス**

もっといろんな道を、
工夫してみてもいい。

（参考作品）　　絵の具で描いた『ビー玉　ころころ』

福田　公美子

# ライン・コレクション
── デザインしよう ──

## 手順

① カラーフェルトペンで横に模様を描く。

② 1段目が描けたら2段目を描いていく。

＊さくらんぼや動物たち…。
好きなものをどんどんつなげていこう。

### ワンポイントアドバイス

- 模様は、複雑でないもの。なるべく単純な形のほうがよい。
- たくさんの色を組み合わせて描こう。
- 黒を所々に入れると絵が引き締まるよ。

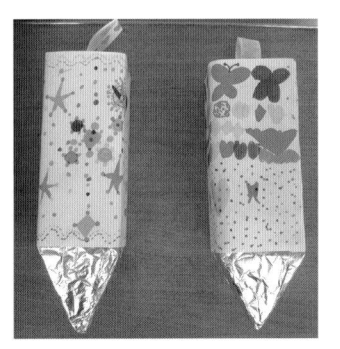

（応用例：万華鏡に貼ってみました。）

## 題材について

カラーフェルトペンで、模様を描いてみましょう。好きな形をつなぎ合わせてデザインしていくと…。すき間時間を使って、描くことを楽しんでみませんか？

できあがった作品を、箱型にした牛乳パックに巻いて、鉛筆立てにしたり、本のカバーにしてみたり…といろんな場面で活用してみてください。

## 準備物

・カラーフェルトペン(水性)
・上質紙(B5)

渡邉　敬子

# みんなで楽しく踊っちゃおう！
── 人の動きをとらえよう ──

### 手　順

① テーマを知って、今一番踊っている曲を聞く。

② 一回踊った後に好きなポーズをしてみる。

③ 前の机に上がって、好きなポーズを何人かにしてもらう。
＊関節など紹介し動さを意識させる。

④ ２色を混ぜてきれいだなと思う色を作らせて、踊っている人を棒人間から肉を付けて描く。

⑤ まわりに、踊っている時の気持ちを絵で表す。

⑥ 体が乾いたら、上から洋服代わりに模様を描いて楽しくしてみようと提起する。

⑦ 重なりを、発見している子どもの絵を紹介して気づかせる。

### ワンポイントアドバイス

- 色は、２色以上は混ぜない。意識しながら色を作る。
- 絵の具を筆に付けたら、よく角で整えて筆を立てて描くようにする。

### 題材について

誰もが知っている棒人間。動きやお肉を付けて、ついでに、きれいな色を混ぜて作る、絵の具の勉強もしてしまおうという欲張りな題材です。

運動会の表現の練習が、佳境に入った頃、動いたり踊ったりに実感が持てる頃をねらって、取り組みます。

### 準備物

・画用紙(八つ切り)
・絵の具セット
・踊りの曲

# ライン・コレクション
―― デザインしよう ――

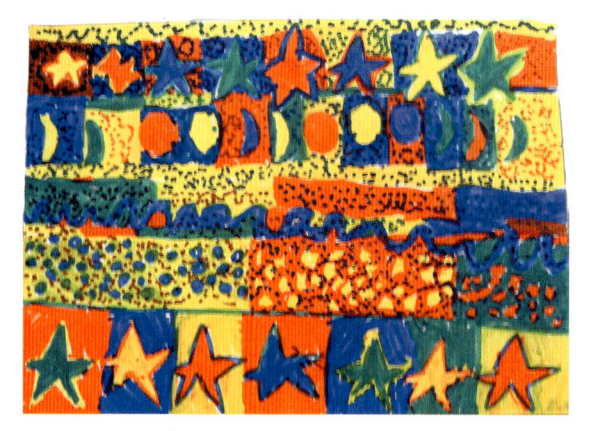

ぜーんぶ、色をぬったよ！きれいでしょ。

なみなみの線がとってもすてき。

お魚がいっぱいデザインされています。

細かい模様をぎっしりと描いたよ。

赤と黄色がアクセントになっています。

色をぼかして、パステル調に…。

# みんなで楽しく踊っちゃおう！
―― 人の動きをとらえよう ――

松多　祐里

# クリスマスツリー
―― 水と絵の具の関係を感じとりながら、点描で表す ――

## 題材について

クリスマスの前に、クリスマスツリーを絵の具で描きます。

絵の具の使い方や、色のつくり方をおぼえながら、点描の基本的な技法で表します。

## 準備物

・画用紙（16切り）
・色画用紙（黒・八つ切り）
・いろがみ
・絵の具セット
・クレヨン
・パス
・はさみ
・のり

## 手順

① 準備
　＊絵の具、パレット、雑巾、大筆、筆洗バケツ、画用紙を机の上に並べる。

② 想像をふくらませ、意欲をもつ。
　＊クリスマスの思い出や出来事を話し合い、これからやってくる楽しいクリスマスを思い浮かべ、クリスマスツリーを絵に表す意欲を高める。

③ ツリーを描く。
　＊ツリーを描く色を一色選び、パレットに出す。
　＊ツリーの形が図のような三角になることを確認する。
　＊筆で水を混ぜない絵の具をとり、画用紙の中央上にゆっくり「トン」と置く。
　＊筆に水を含ませて絵の具と混ぜ、二段目を「トン、トン、トン」とゆっくり描く。
　＊再び、筆に水を含ませ絵の具と混ぜ、三段目を「トン、トン、トン…」とゆっくり描く。このように、四段目、五段目と下段に移るごとに水を加えていく。この課程で、水の量により、塗りやすさや表現が変わってくることを感じとる。

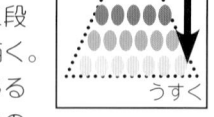

④ ツリーの飾りを描く
　＊ツリーを色どる電飾として使いたい色をパレットに出し、水と混ぜる。
　＊「グル　グル」とていねいに筆を回して色玉を描く。

### ワンポイントアドバイス

・うすいマヨネーズぐらいの濃さにする。ツリーの絵の具が乾いてから重ね塗りすることを確認する。

⑤ ツリーを台紙に貼る。
　＊ツリーを三角に切り抜き、色画用紙に貼る。

⑥ ツリーの周りを飾る。
　＊クレヨン・パス・いろがみを使って、星や雪、プレゼントなどを飾る。楽しい、素敵な作品にする。

福田　公美子（タオル筆　宮脇泰彦：考案）

# 絵手紙「だいこん」
―― タオル筆で描く ――

### 題材について

　冬の食材「だいこん」をタオル筆で描きます。
　絵が完成したら、一言メッセージを添えて絵手紙にしてみましょう。

### 準備物

・画仙紙（３５cm×７０cm）
・古タオル
・割りばし
・輪ゴム
・ビニールテープ
・墨汁
・プリンカップ
・新聞紙
・パス
・セロハンテープ
・ペットボトルはんこ※

### 手　順

① タオル筆を作る。

1. タオルを８センチ四方に切る。 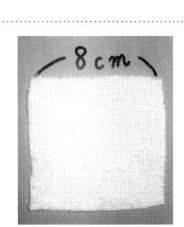
2. 三角形に折って二等辺三角形の頂点を軸にして、くるくると巻いていく。 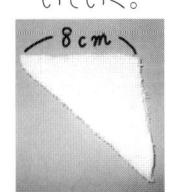 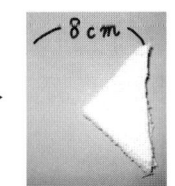 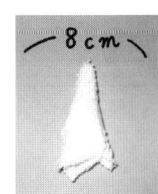
3. 割りばしの先に入れ込んで、輪ゴムでとめる。 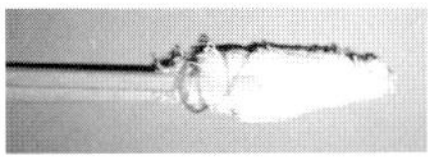
4. 割りばしが割れないよう、ビニールテープで巻く。

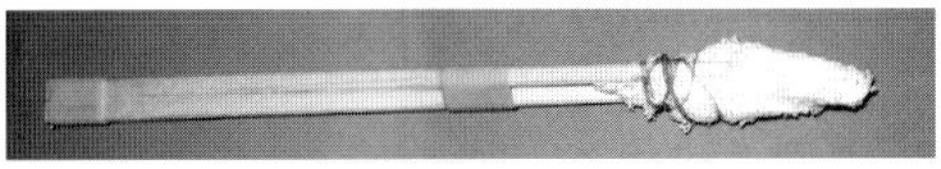

② 新聞紙の上に画仙紙を置く。
　＊セロハンテープでとめる。

③ プリンカップ三分の一に墨汁を入れる。

④ タオル筆に墨汁をつけ、大根の葉の付け根から描いていく。

⑤ パスで葉を着色する。

⑥ 絵の具で大根の部分を着色する。

⑦ タオル筆で一言メッセージを書く。

⑧ ペットボトルはんこを押す。
　（※ペットボトルのふたに、発泡スチロール片を貼り、釘などで字をかいて作ったもの）

### ワンポイントアドバイス

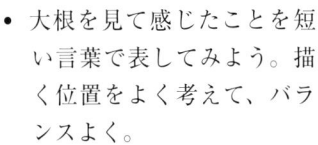

・大根を見て感じたことを短い言葉で表してみよう。描く位置をよく考えて、バランスよく。

# クリスマスツリー ── 水と絵の具の関係を感じとりながら、点描で表す

「青いクリスマスツリー」　　　　　「サンタがやってきた！」

①ツリー「一段目」

水を混ぜない絵の具をゆっくり「トン」と置く。

②ツリー「二段目」

筆に水を含ませて絵の具と混ぜる。それから、「トン、トン、トン」

③ツリー「三段目」

三段目、四段目と下段に移るたびに水を加えていく。そして、よく乾かす。

④ツリーの飾り「色玉」

うすいマヨネーズぐらいの濃さで描く。重ね塗りの絵の具は、水を加えすぎないことが大切。

⑤ツリーの周りを飾って出来上がり！

ツリーを切り抜き、色画用紙に貼る。クレヨン、パス、いろがみを使って、ツリーの周りの様子を表す。

58

## 絵手紙「だいこん」

葉っぱは、パスでぬりました。

白に少し茶色を混ぜて土を表現。

葉っぱにもいろんな色があるね。

紙いっぱいに大きさを表現して…。

サインの位置はよく考えて決めよう。

紙のどの部分に字を書くか、バランスを考えて…。

筆の線は、太さを変えて描いてみよう。

―― タオル筆で描く ――

小菅　盛平

# 家の人に○○してもらって うれしかったよ！
── くらしの中に大切なことを見つけ育てて描く ──

おかあさんにおんぶしてもらった。

## 題材について

親と子のふれあいをテーマにしています。

家族を大切にする思いを広げながら、中でも直接の肌の触れ合い、体を通した家庭の交流をすすめていきます。

「肌のふれあい」＝「実感のある安心感」は、今、子ども自身がもとめているものでしょう。

体の大きさやどっしり感、におい、やわらかさ……を感じながら表現させたいものです。

## 準 備 物

・絵の具セット(できれば25色)
・色画用紙(八つ切りの半分ぐらいで正方形、長方形、描くものに合わせて選べるように各種。ベージュ、黄土、桃色系などの淡い、うすい色5～6色)

## 手　順

（準備）
　宿題として「いえの人とあそんでくる」ことを一週間くらい前に予告しておく。その間に「○○してもらったよ！」「△△してくれたよ！」などと報告も届くだろう。それらを取り上げて、クラス全体の動きや流れをつくっておくといい。通信等で親にお願いしておくことも忘れずに。両親だけでなく、祖父母、兄弟、姉妹等にひろげてもいい。

① 体験を出し合う。
　＊直接肌の触れ合ったものをすすめる。
　＊肌のぬくもりや背中の大きさ、かたさ、にぎった手の大きさ強さ等を出し合う。

② 肌の色を作る。
　＊お父さんとぼくの色の違い、人によって色が違うことに気づきながら、黄土、ペールオレンジ、白、朱（赤）、こげ茶等をまぜて作る。

③ 大人から子どもの順に描く。
　＊直接筆で描く。
　＊体～首・頭～手・足の順に描く。
　＊関係・関わりを大切に描いていく。

④ 服、髪の毛、目、口を描く。
　＊「その時はどんな顔をしていた？」等、表情も大事にする。

⑤ まわりのものを描いて仕上げる。

⑥ みんなで作品を見合う。

### ワンポイントアドバイス

- 鉛筆で下描きはしないで、筆で直に描くほうが良い。子どもの思いが直に体の大きさや動きにあわられるからです。
- 冬の寒い時期の方が密着感が出るでしょう。

福田　公美子

# おしゃれなハンカチ
―― パスで描く ――

## 手　順

① 画用紙の中心に模様を描く。

② 模様の周りにいろいろな線や形を描いていく。

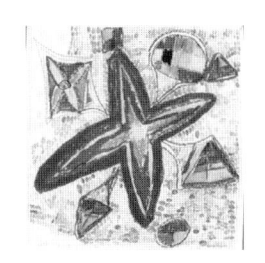

③ 台紙に貼る。

**ワンポイントアドバイス**

パッチワーク風にするときは、画用紙を4つに区切っておいてもよい。

- いろいろな線を工夫して引いてみよう。
- 色と色は、となりどうしで重ならないようにすると、バランスがよくなるよ。

## 題材について

　パスを使って、正方形の画用紙にすてきなハンカチをデザインしていきましょう。パッチワークのようにしたり、左右対称にしてもおもしろいですね。

## 準備物

・画用紙（38cm × 38cm）
・パス
・色画用紙（台紙用）

# 家の人に○○してもらって うれしかったよ！
── くらしの中に大切なことを見つけ育てて描く ──

おかあさんにおんぶしてもらった。おかあさんの背中に乗り、手がしっかりと描かれていて、しがみつく感じがいい。

木や地面も描いた。外でおんぶしてもらってきもちよかったんだね。

おとうさんに、たかいたかいしてもらった。ゆれてこわかったのかな。おとうさんの足が動いている。

おばあちゃんに、「いないいないばぁ」をしてもらってうれしかった。だいぶ昔のことだけど、わすれない。

# おしゃれなハンカチ
―― パスで描く ――

・真ん中に描きたいものを。
　・星をデザインしてみるのもいいね。

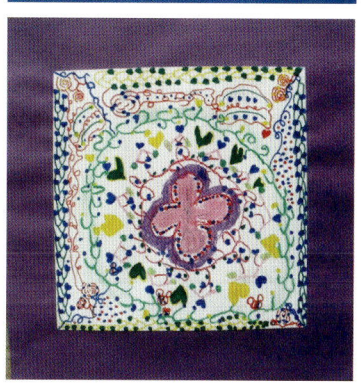

・同じ形を大きく描いたり、小さく描いたり。
　・4つに区切ってみても。

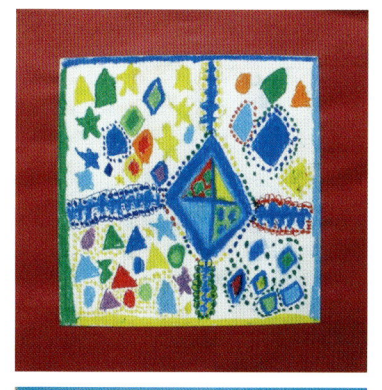

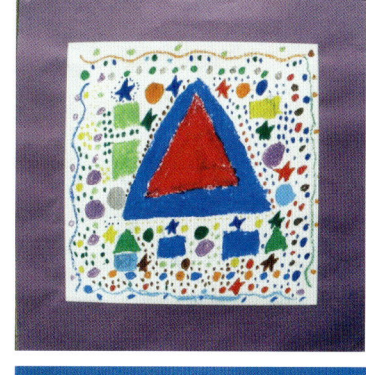

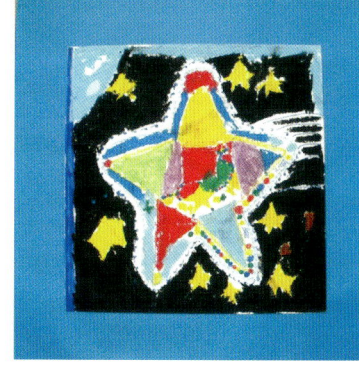

・テーマを決めて描こう。
　・黒を使うと画面がひきしまるよ。

福田　公美子

# 地球の木
## —— 大冒険に出発だ！（1）——

### 題材について

オリジナルのお話を作って、絵で表現してみましょう。小筆を使って、ポストカードサイズにしてもいいですね。

授業時数に応じて、用紙の大きさなど工夫してください。

### 準備物

- 画用紙　・絵の具セット
- フェルトペン（水性）　・パス

### 手順

（導入）先生の話「オリジナルな話」を聞く。
　＊ここでは「地球の木」の話。

① 絵の具の茶色系統で、不思議な木の幹を描いていく。

② 青系統で、地球を描く。

③ パスで、木の実をとる自分を描く。

④ パスで、木の実や葉っぱを描く。

⑤ 時間があれば、ふしぎなとびらを作って貼りつける。（P.65参照）

**ワンポイントアドバイス**
- パスの代わりにフェルトペンで描いてもいいよ。
- 色画用紙を使えば、背景の処理はしなくてもOK。

### 「地球の木」の話

　雨上がりの空にきれいな虹がかかった。ぼくは、うれしくって外へ飛び出した。道は、あちこち水たまりだらけ。だって、雨は3日も降り続けたんだから。一番大きな水たまりをのぞき込んだ。水たまりには、きれいな虹が映っていた。
「わあ、水たまりの中にも虹がある。」
　すると、その瞬間、不思議な声が聞こえてきた。
「冒険の旅へのとびらが開かれました。勇者よ、勇気を出して飛び込みなさい。」
「え？飛び込むってどこへ？」
「ここが、地球のおへそへの入り口なのですよ。さあ、早く、虹が消えないうちに。」
「地球のおへそ？水たまりが入り口？」
　ぼくは、何が何だか分からなくなってしまった。
「どうしよう。水たまりなんかに飛び込んだらぬれちゃうよ。でも、行ってみたいなあ。地球のおへそ。」
　ぼくは、思い切って水たまりへとジャンプした。
「わあ、助けて〜！落っこちちゃうよ〜！」

　ぼくは、水たまりの中へと吸い込まれていった。ぼくは、ずんずん落ちていく。
「いったいどこまで落っこちちゃうんだろう。」
　そう思った時、体がふわりと空中に浮かぶように止まった。
「ようこそ、地球のおへそへ。」

　そこは、不思議な世界だった。地球から大きな木が生えている。ここの木の枝は、くねくねと迷路みたいに曲がりくねりながら、どこまでも　どこまでも　伸びている。まるで、空に浮かんだ三日月まで届くかのように。そして、枝には、七色に光る不思議な木の実がたわわに実っていた。ぼくは、思わず木の実に手を伸ばした。つかもうとした瞬間、木の実は、ぱっとはじけ飛び、キラキラ光る雪のかけらとなってぼくのまわりに降り注いだ。
　すると木の幹に不思議なとびらが現れた。
「あのとびらの向こうには何があるのだろう。」
ぼくは、ワクワクしながらとびらを開けた。さあ、冒険の始まりだ！

福田　公美子

# ふしぎなとびら
## ── 大冒険に出発だ！(2) ──

### 手　順

① フェルトペンで不思議なとびらの形を描く。

② とびらの中の不思議世界を描く。

③ とびらを自由にデザインしていく。

> とびらの中、
> とびらの外、
> 2つの世界。

### ワンポイントアドバイス

- とびらが開いたり閉じたりできるように立体的に作っても面白い。

### 題材について

　学年末には、今まで作った小さな作品をいろいろ組み合わせて、1年間の集大成としての大きな作品にしてみませんか？学んできたさまざまな技法がぎっしりとつまったすてきな作品ができあがります。

　ここでは、その部分としてのミニ作品づくりに挑戦します。

　小さな画用紙に想像力を大きく広げて不思議なとびらを描いてみましょう。とびらの向こうに待っている世界は…？

　そして、できあがったミニ作品を、教室の一角に展示してみると…。ミニギャラリーに大変身！！

### アレンジ・チャレンジ

- 「地球の木」(P.64参照)の作品に「ふしぎなとびら」を加えて、大きな作品にしてみましょう。(P.67参照)

### 準備物

- 画用紙(八つ切りの半分)
- フェルトペン(水性)
- はさみ

# 地球の木
―― 大冒険に出発だ！（1）――

「地球の木」の話から

「ようこそ、地球のおへそへ。」
そこは、不思議な世界だった。
地球から大きな木が生えている。

アレンジ・チャレンジ

ポストカードサイズ「地球の木」

# ふしぎなとびら —— 大冒険に出発だ！(2) ——

**「地球の木」の話から** 「あのとびらの向こうには何があるのだろう。」
ぼくは、ワクワクしながらとびらを開けた。
さあ、冒険の始まりだ！

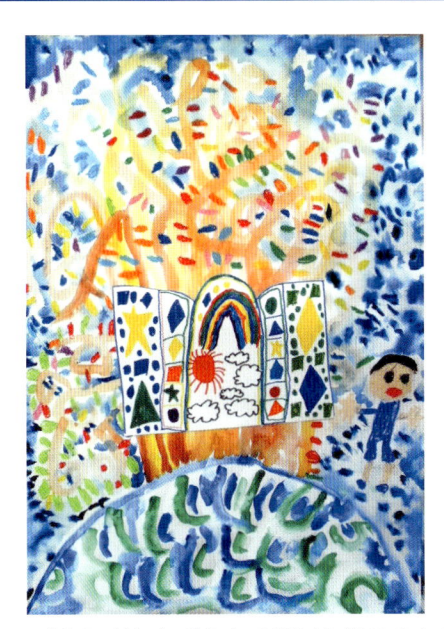

「ふしぎなとびら」の題材と組み合わせて大きな作品にしてみました。（応用例）

福田　公美子（タオル筆　宮脇泰彦：考案）

# 新 種 発 見
―― タオル筆で魚拓を描こう ――

### 手　順

① タオル筆を作る。（P.57参照）

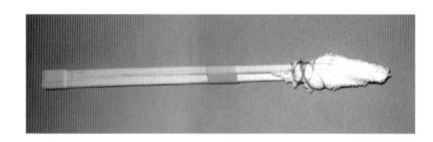

※割りばしが割れないよう、ビニールテープで巻く。

② 新聞紙に画仙紙をセロハンテープでとめる。

③ プリンカップの三分の一に墨汁を入れる。

④ タオル筆に墨汁をつけ、魚の目から描いていく。

### ワンポイントアドバイス

- 机より床で描く方がよい。
- 魚の輪郭を描いてから、うろこやひれを描き、小さく描いた場合は、どんどんと周りに広げていけばOK！
- 応用として色をつけても…

### 題材について

古タオルと割りばしで筆を作って、画仙紙に絵を描こう。こんな不思議な魚を発見したら、ギネスブックにのるかなぁ。想像力を働かせて、新種発見！！

### 準備物

- 古タオル
- 割りばし
- 輪ゴム
- ビニールテープ
- 墨汁
- 画仙紙（35cm×70cm）
- 新聞紙
- セロハンテープ（作品を新聞紙にとめ、動かさないようにする）

福田　公美子

# きねんしゃしん
—— 遠足に行ったよ ——

### 手　順

① 画用紙のどの場所に自分を描くか考え、パスで表現していく。
＊まず、主人公の自分を描こう！楽しかった瞬間を思い出して、一気に描いていこう。
＊自分を描く場所は、中心でも端でもよい。

－自分を描く場所は－

☆中心でもいい

☆端の方でもいい

② 背景の景色や建物を描く。

③ 背景を着色する。

### 題材について

遠足の思い出を心のアルバムに残そう。一番思い出に残った場面をカメラで撮ってみたら、どんな自分が写っているかなあ。

### 準備物

・画用紙(八つ切り)
・パス

**ワンポイントアドバイス**

- パスは、チョコレート塗り（P.8参照）で塗っていく。画用紙に白いところがなくなるくらい塗り込めたらいいね！

# 新種発見
―― タオル筆で魚拓を描こう ――

〈応用〉色をつけると…

# きねんしゃしん ―― 遠足に行ったよ ――

まず、主人公の自分を描こう！楽しかった瞬間を思い出して、一気に描いていこう。画用紙に白いところがなくなるくらい塗り込めたらいいね！

広い公園で、思いっきりかけっこしたよ！

アスレチックであそんだよ。楽しかった！

〈応用例〉

写真立てのフレームを周りに彩ると…
フレームが写真を引き立ててくれます。

渡邉　敬子

# 作ってあそぼう！ミニプロペラ
── くるくる飛ばして　キャッチ ──

## 手　順

**ワンポイントアドバイス**

作ってあるものを指導者が飛ばして見せます。折り紙は、小さいので大きめの紙で作り方を見せるか、実物投影機で作り方を見せるとわかりやすくなります。

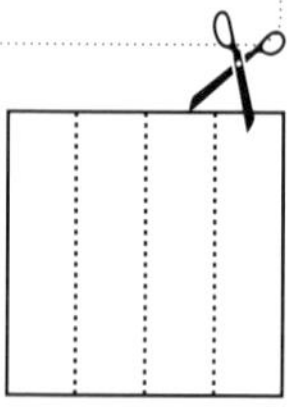

① 折り紙を縦に半分、さらに縦に半分に折る。折り目にそって切る。

② 4枚の細長い紙になる。半分より上に両側から切り込みを入れる。
＊切り込みと残りが同じようになるように切る。

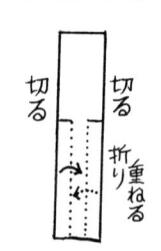

③ 足を作る。
＊両側から内側に折り3枚重なるようにする。

④ 耳を作る。
＊上から2cm位切り込みを縦に入れて前後に折る。

⑤ 顔を描いたり、模様を描こう。

⑥ 飛ばしてあそぼう。
＊足にゼムクリップをつけてみると、くるくるよくまわる。

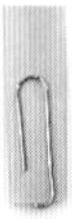

⑦ 色画用紙の真ん中に左右の下の角から巻いてソフトクリームのコーンのような形のキャッチャーを作る。
＊セロハンテープでとめる。

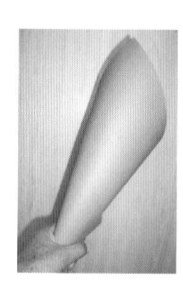

⑧ 友だちとプロペラを飛ばしてキャッチしてあそぶ。

## 題材について

1年生は、あそぶのが大好きです。簡単な仕掛けと、試行錯誤できる量的な保障も大事に思います。作ってはあそび、作ってはあそびながら、しっかり折り紙を折る力やはさみで切る力をつけましょう。

この題材の良いところは、手軽にできて一人でもあそべるし、友だちともあそべることです。

## 準 備 物

・折り紙(一人1枚以上)
・はさみ
・ゼムクリップ
・カラーフェルトペン
・色画用紙(八つ切り)
・セロハンテープ

渡邉　敬子

# 飛ばしてあそぼう！UFO
―― スーッと風を切って飛ばそう ――

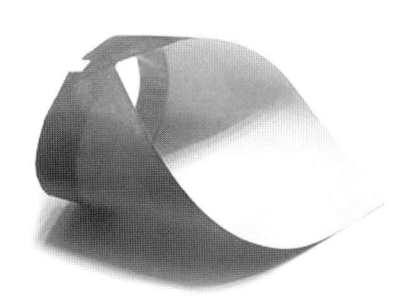

### 手　順

① 折って形を作る。
　＊三角にしっかり折る。
　＊折り山の三角の上半分を手前に半分に折る。
　＊折ったものをさらに半分に折りあげる。さらにもう一度折る。

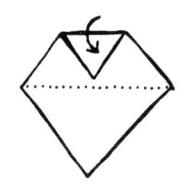

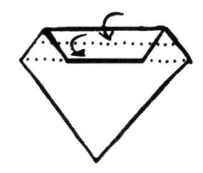

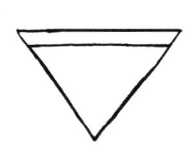

② 輪にして、ＵＦＯを作る。 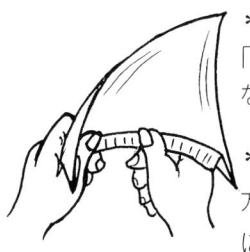
　＊折ったところを手前にし、真ん中から「まあるくなあれまあるくなあれ」と言いながら弓状にくせをつける。
　＊三角の角と角を合わせ、片方の角を反対側の折り山の間に１cm位入れ丸くする。セロハンテープでとめる。

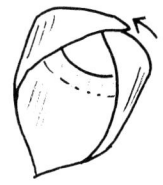

**ワンポイントアドバイス**

- 合わせ目をまっすぐにする。
- 切り込みを入れて折ってとめても良い。

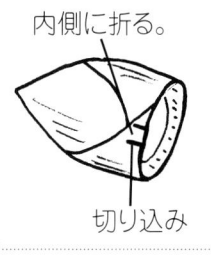

内側に折る。
切り込み

③ 飛ばしてあそぼう。
　＊輪を前に三角を下にして手を入れ、手をあげ、上から下に手を動かして飛ばしてあそぶ。

### 題材について

折り紙ひとつで簡単にできます。作ったらすぐにあそべるのも良いところです。

案外飛ばし方にコツがいりますが、スーッと飛ぶところが気持ちいい題材です。

しっかり微妙に調整しながら折って作りましょう。

### 準　備　物

・折り紙
・セロハンテープ

# 作ってあそぼう！ミニプロペラ
## ── くるくる飛ばして　キャッチ ──

「ミニプロペラ」「くるくるヘリコプター」「ミニ紙コプター」…等、ネーミングも工夫してみよう。

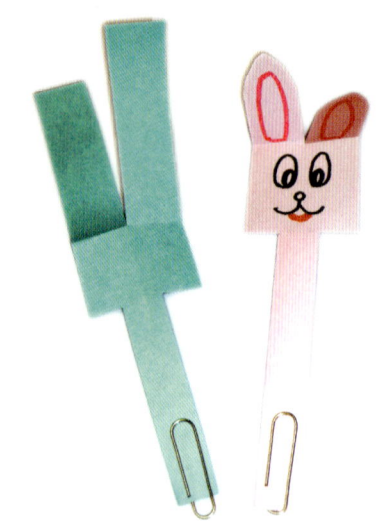

キャッチャー

### ⭐ アレンジ・チャレンジ

● 紙質や大きさ・おもりの重さ・つくり方など、いろいろかえて作ってみよう。

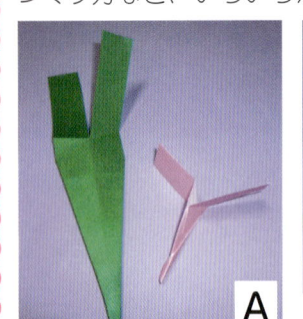

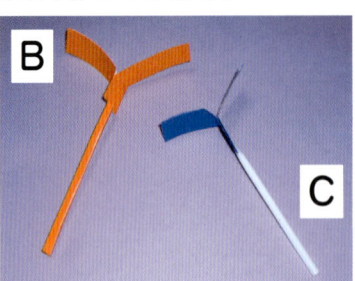

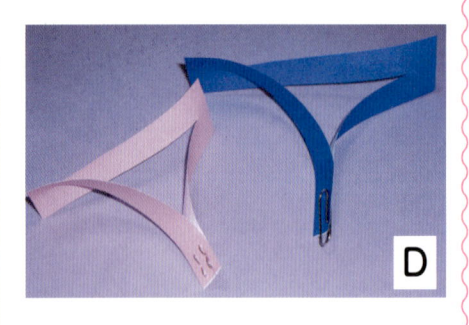

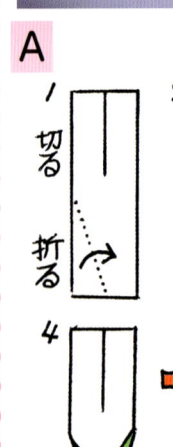

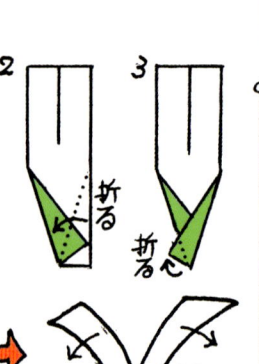

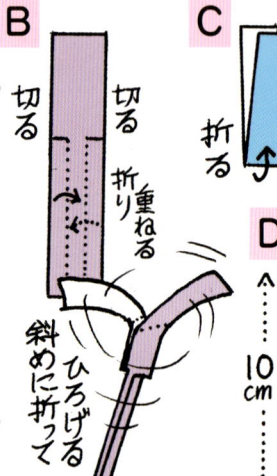

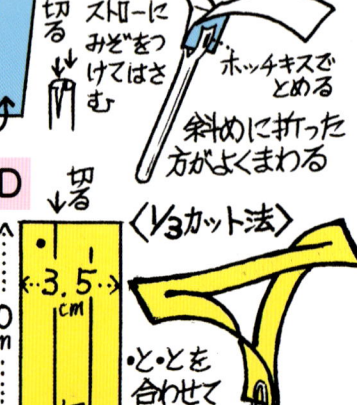

A

B

C

D

**A**
1. 切る／折る
2. 折る
3. 折る
4. →　ひろげる　斜めに折って　…ホッチキス

**B**
切る／切る／折り重ねる／ひろげる　斜めに折って

**C**
切る／折る／ストローにみぞをつけてはさむ／ホッチキスでとめる／斜めに折った方がよくまわる

**D**
切る　3.5cm　10cm　切る
〈1/3カット法〉
・と・とを合わせてホッチキスでとめる

74

# 飛ばしてあそぼう！UFO
―― スーッと風を切って飛ばそう ――

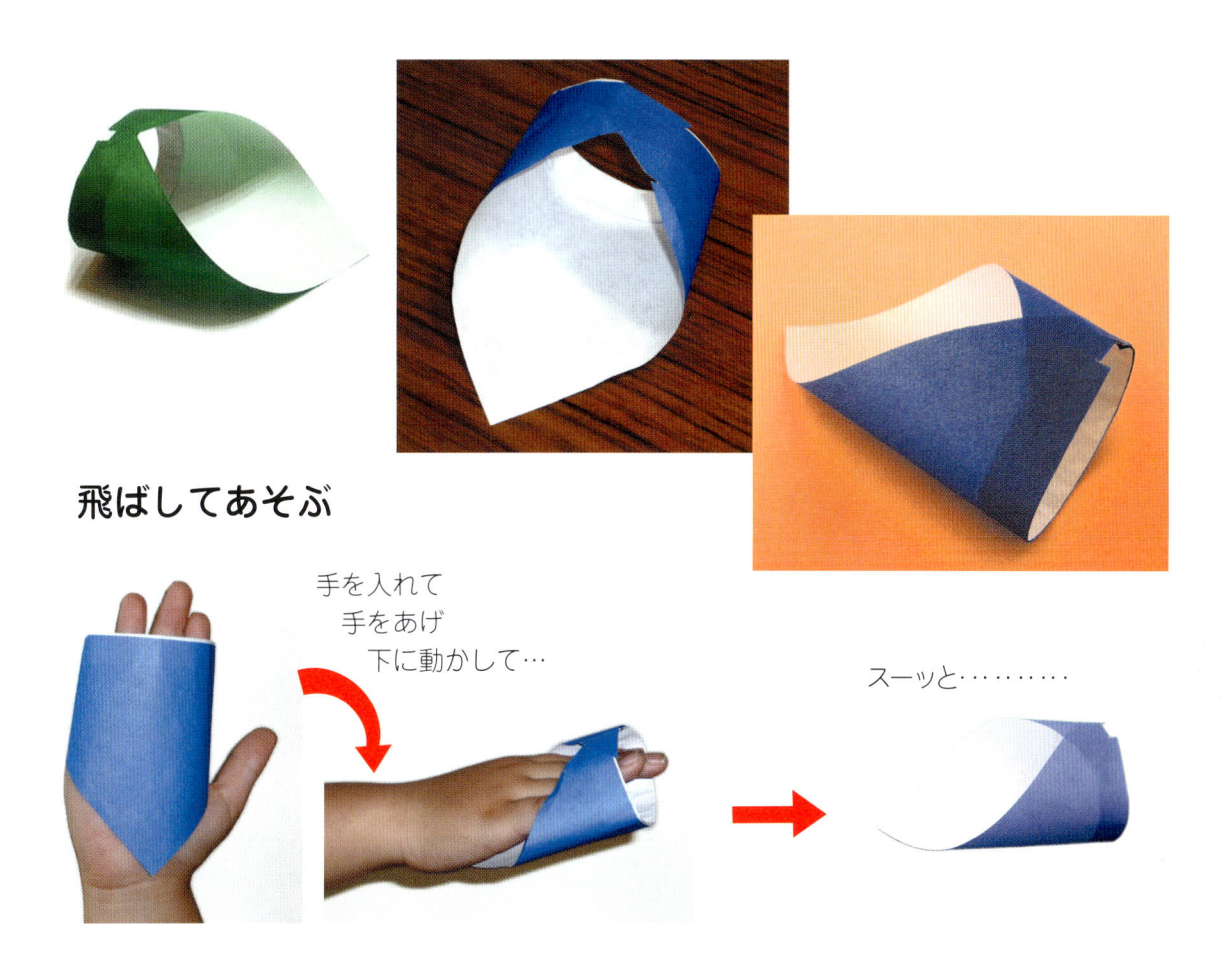

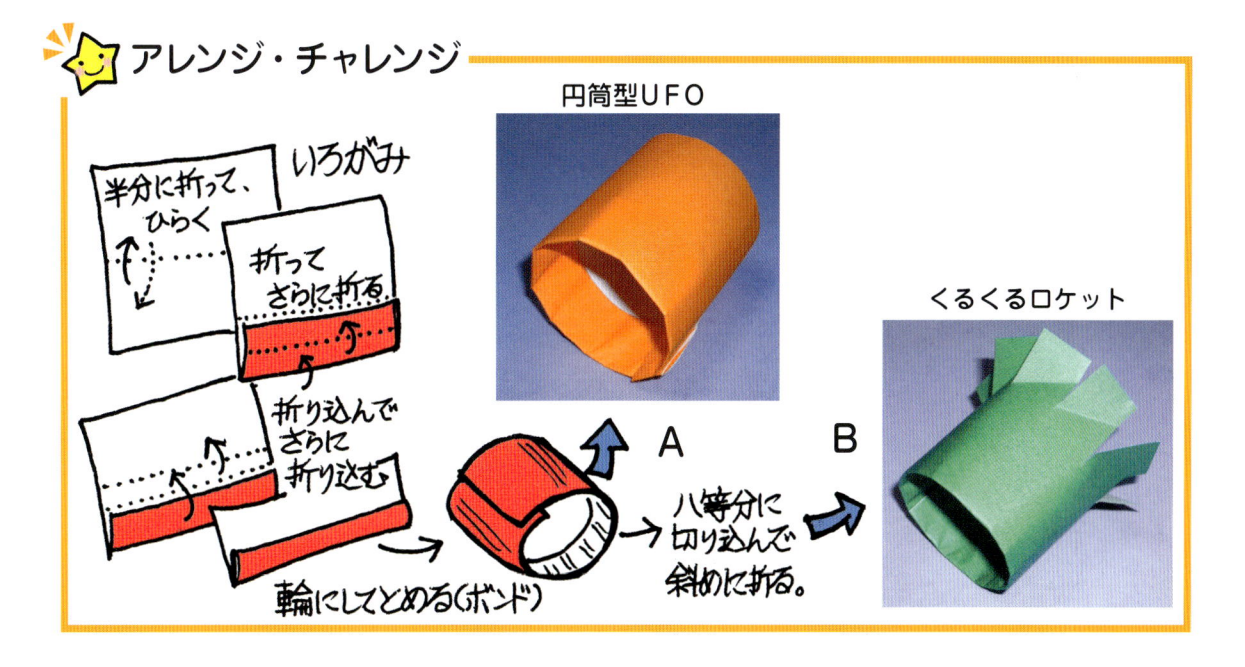

## 飛ばしてあそぶ

手を入れて
手をあげ
下に動かして…

スーッと…………

## ⭐アレンジ・チャレンジ

いろがみ

半分に折って、ひらく

折ってさらに折る

折り込んでさらに折り込む

輪にしてとめる（ボンド）

A → 八等分に切り込んで斜めに折る。 → B

円筒型UFO

くるくるロケット

75

渡邉　敬子

# 作ってあそぼう！くるくる金魚
── しっぽがくるくる まわります ──

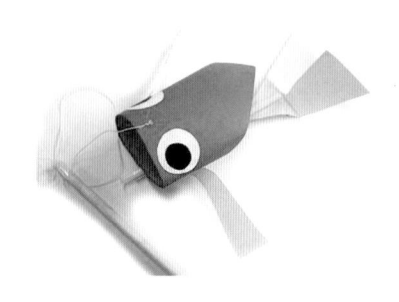

## 手　順

① 胴体を作る。（P.73の「UFO」で） 
　＊輪の口になるところから5㎜程度先に出してセロハンテープでとめます。

② 「くるくるしっぽ」を作る。
　＊4分の1の折り紙を半分に折る。
　＊長方形になった折り紙の対角線に折り目をつける。（ここが一番難しい）

　＊折り目を切ると真ん中の三角と細い三角2枚ができる。（細は、ひれに）
　＊真ん中の三角を横半分に折る。
　＊切り込みを入れる。
　＊細いストローをセロハンテープで貼る。
　＊切ったところを前後に折る。
　＊飛ばしてまわるか確かめる。

プロペラになる

③ 胴体にくるくるしっぽをつける。 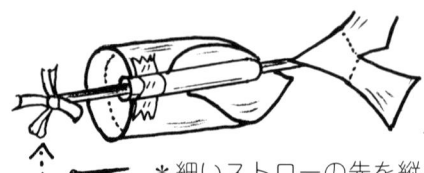
　＊太いストローにくるくるしっぽをさし込む。 
　＊細いストローの先を縦に切って花のように開く。（たくさん切らない。細くなるとすぐぬける。）
　＊太いストローをもって、しっぽが回るか確かめる。

### ワンポイントアドバイス
- 目玉やひれもつけてみよう。
- 糸をつけ、割りばしに結び、あそんでみよう。（糸は、からまるので短めに！）

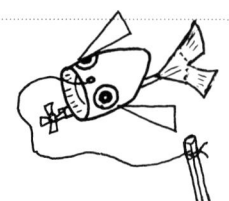

## 題材について

しっぽがくるくる動き、音もでてかわいいので子どもから大人まで楽しく遊べます。

前述の「UFO」を作ったら、それを胴体にしましょう。簡単な仕組みで、その都度作ったら遊んでできたか確認する過程も、子どもたちは楽しい様です。

## 準備物

- はさみ
- 折り紙(一人1枚と4分の1枚の四角)
- ストロー（太7cm・細1本）
- 糸
- 割りばし
- 目玉用シール
- セロハンテープ

辰巳　三郎

# 重ね切りもよう
―― いろがみや新聞紙を使ってあそぼう ――

## 手　順

### 1　いろがみを使って

① いろがみを三角に4回ほど折る。（P.79参照）

② 3つの辺や角に切り込みをいれる。

③ 広げて、別のいろがみにはる。

④ 鑑賞。
どれが目立つかな？

### 2　新聞紙で連続もよう

① 新聞紙をたたんだまま切る。

② 切り取った新聞紙を図のように折る。

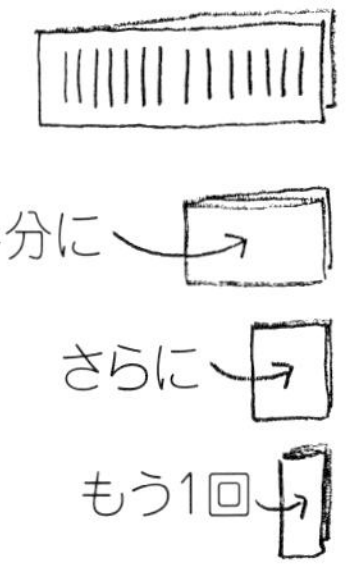

半分に
さらに
もう1回

③ すきな絵を描き、まわりを切り取る。

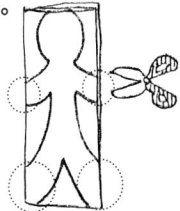

**ワンポイントアドバイス**

折り目の部分は切り取らないところを残して、連なるようにします。

ジャーン！この通り！

## 題材について

昔からある、いろがみを三角や四角に折り重ね、はさみで切り込みを入れて、広げてみるという遊び。目新しいものではないですが、広げた時の意外性のため、子どもたちは、案外乗ってきます。

別のいろがみに貼ると、配色の勉強にもなります。

簡単にたくさんできるので、壁面を飾っても楽しいでしょう。

もう一つ、新聞紙を使った重ね切りです。長くもようが広がって楽しいものです。

## 準備物

### 1　いろがみを使って
・いろがみ
・はさみ
・のり

### 2　新聞紙で連続もよう
・新聞紙
・はさみ

# 作ってあそぼう！くるくる金魚
―― しっぽがくるくる まわります ――

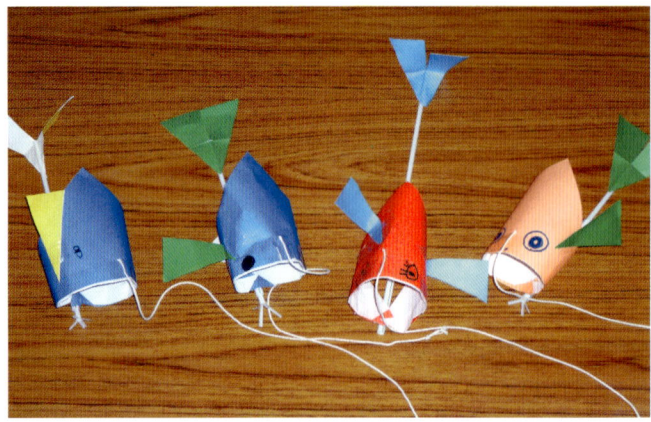

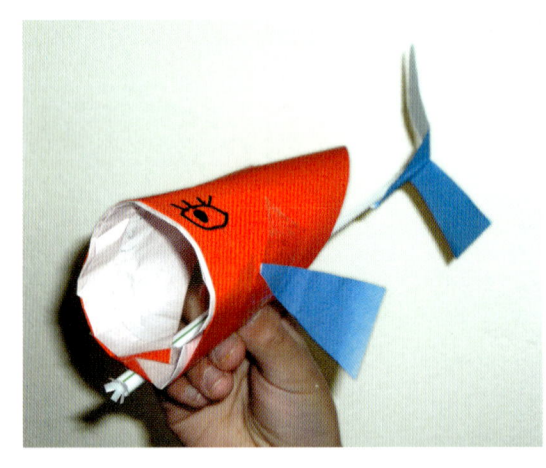

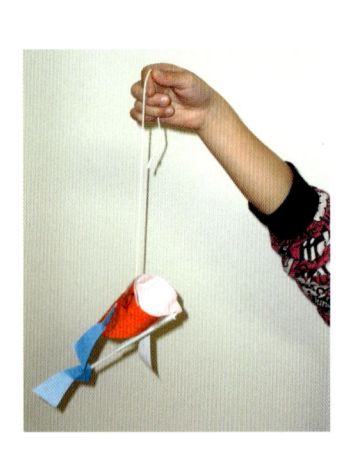

# 重ね切りもよう ── いろがみや新聞紙を使ってあそぼう ──

## 1 いろがみを使って

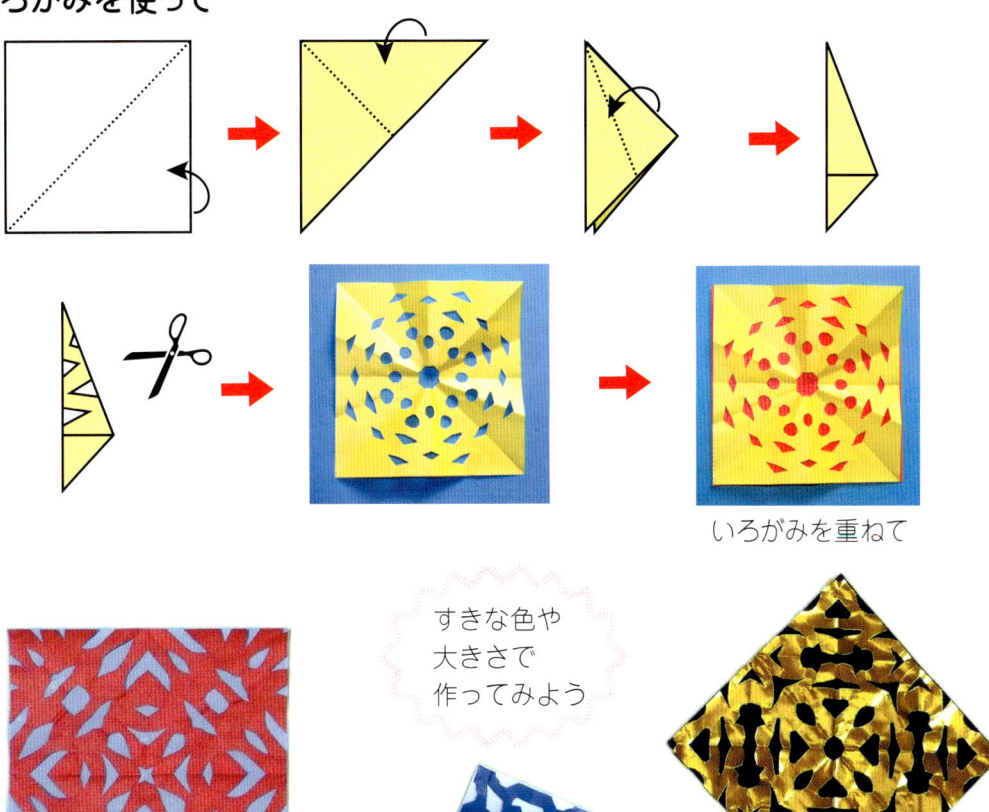

いろがみを重ねて

すきな色や
大きさで
作ってみよう

## 2 新聞紙で連続もよう

### アレンジ・チャレンジ

いろがみで作った
連続もよう

手作りの紙袋に貼りました。

向　敬子

# あじさいの花を咲かそう
―― 班で協力してたくさんの花を ――

### 手　順

① あじさいの花の折り方を知る。（折り方 P.82）

② 好きな色の折り紙であじさいの花を折る。

③ 一つできたらいくつも作る。

**ワンポイントアドバイス**
- 「やっこさん」の折り方を思い出すと簡単に折れるでしょう。
- 友だちに折り方を教えましょう。

④ 台紙にあじさいの花をイメージして貼る。
　＊のりはまわりの三角のところにつける。

⑤ 色画用紙で葉を作る。

⑥ できた花は教室に掲示する。
　＊あじさいの花が、たくさん咲いているようです。

### 題材について

　あじさいの季節、折り紙でもあじさいを作ってみてはどうでしょう。班で協力して、教え合いながら完成させることができます。折り紙は、指先を使うことができます。
　あじさいの花を丁寧に折って仕上げることをめあてとします。

### 準　備　物

・折り紙（あじさいの花用）
・色画用紙（四つ切り、花の台紙、葉用）
・のり

（準備）
　花の台紙は角をおとし、丸くしておきます。

大山　美智子

# ひなかざり
## ── かわいいひな人形 ──

### 題材について

発砲スチロールのトレイを利用して顔にし、表情のある「ひなかざり」を作ります。
色紙や色画用紙、紙皿などを台紙にして、かざりましょう。

### 準 備 物

- 台紙（色紙・色画用紙・紙皿など）
- 柄付きの和紙2種類
- つまようじ（2本）
- 発砲スチロールのトレイ片（2枚・顔用）
- 色画用紙（黒…髪用）
- いろがみ（金色…冠・扇用）
- フェルトペン
- のり
- セロハンテープ
- リボン

（準備）
- 着物用の和紙や髪用の黒画用紙や冠・扇用の金のいろがみなどはあらかじめ切っておく。
- 顔に使うトレイは四角形（3cm×3cm）に切っておく。後は子どもに丸く切らせる。

### 手 順

① 着物を折る。

5mm程折って、えりを作る

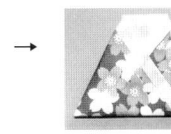

合わせる　　うらへ折る

② 帯や扇などをのりで貼る。

③ 顔を作る。
＊うすい発砲スチロールのトレイを使って、顔の大きさにまるく切る。

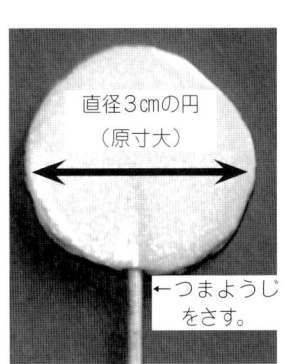

直径3cmの円（原寸大）

←つまようじをさす。

④ 髪用の色画用紙で頭を作る。

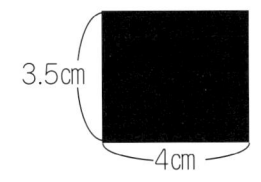

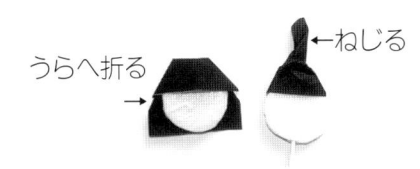

3.5cm
4cm

うらへ折る　　←ねじる

⑤ 組み合わせて完成させる。
＊目、口をフェルトペンで描く。

⑥ 工夫した台紙に貼る。
＊リボンをつけてつるしてもよい。

# あじさいの花を咲かそう
―― 班で協力してたくさんの花を ――

みんなで協力して出来上がり

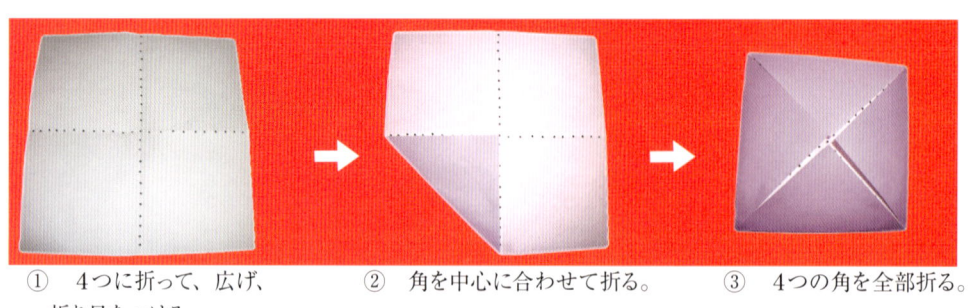

### ◆〈あじさいの花の折り方〉◆

① 4つに折って、広げ、折り目をつける

② 角を中心に合わせて折る。

③ 4つの角を全部折る。

④ 裏返して角を中心に合わせて折る。4つの角を全部折る。

⑤ さらに角を中心に合わせて折る。

⑥ 4つの角を全部折る。

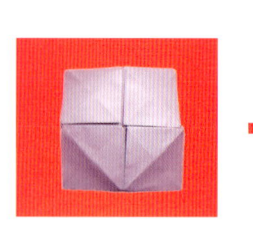

⑦ 裏返して角を広げてできあがり

⑧ できた花を台紙に貼る

# ひなかざり
### かわいいひな人形

**ワンポイントアドバイス**

つまようじをさした顔を少しかたむけると、表情が出てかわいくなります。

人形を小さな色紙に貼りました。
紙皿などに貼っても
楽しい作品になるでしょう。

照田　律子

# びろーんとのびる
―― 大きくなるよ ――

### 題材について

自分の体を伸ばしたり、縮ませたらおもしろいですね。1枚の紙に切り込みをいれると紙の大きさが変わります。自分の顔や、手足をその紙につけると、びろーんと伸びたり縮んだりします。描いた絵と紙工作を組み合わせます。

### 準備物

・画用紙（八つ切りの半分）
・パス（絵の具や色鉛筆でもよい）
・折り紙
・のり
・はさみ

### 手順

① 自分の顔を描く。

② 大まかに切る。

③ 顔を描いた周りの紙で、手や足を描く。

④ 描いた手や足も切る。

⑤ 折り紙を図のように切って、顔手足を糊づけする。

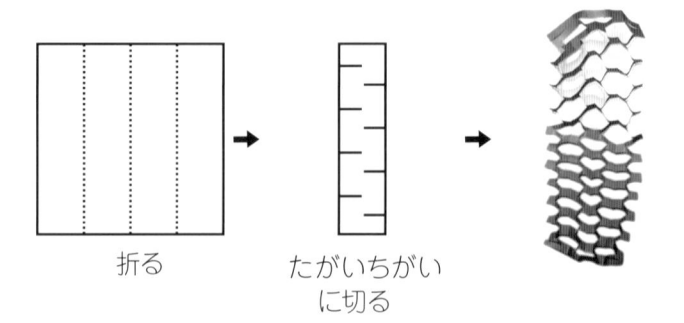

折る　　たがいちがいに切る

**ワンポイントアドバイス**

折る数や切る幅をくふうしてみましょう。

**アレンジ・チャレンジ**

・動物や植物にも挑戦してみよう。

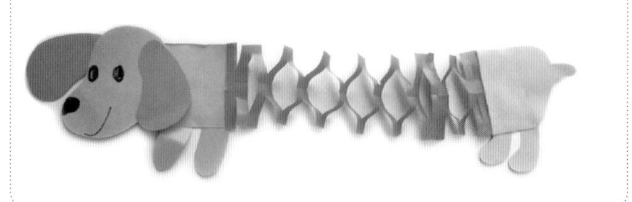

向　敬子

# ムクムクニョキニョキー
―― 中から何が出てくるのかな ――

## 題材について

　息を吹き込むと、箱の中からムクムクニョキニョキ出てきます。とても楽しくて、何が出てくるのかワクワクドキドキです。

　ストローとナイロン袋をつないで、息を入れ、ふくらむ仕組みをつくります。

　この題材は、丁寧に貼るという基本的な作業を必要とした内容ですが、細かい作業も意欲を持って取り組むことができます。出来上がった作品で楽しく遊ぶこともできます。

## 準備物

- 牛乳パック(1000ml又は500ml)
- ナイロン袋(傘を入れる長いもの)
- ストロー　・セロハンテープ
- 折り紙
- クレヨン又はフェルトペン(油性)

## 手　順

① 牛乳パックの上の部分を切り取る。

② 牛乳パックの周りに、切り紙を貼って飾りをつける。
　＊折り紙から好きな形に切り、飾りにする。

③ 牛乳パックの下に穴をあける。
　＊下から5cmぐらいの所にストローが通る程度の大きさの穴。

④ ストローの先にナイロン袋をセロハンテープで取りつける。
　＊うまくふくらまないときは、ナイロン袋の中にストローをしっかり差し込み、テープでとめる。

### ワンポイントアドバイス

　空気が漏れずにうまくふくらむか試してみよう。ふくらまないときは、原因をさぐってみよう。

⑤ デザインを考えて、ナイロン袋にクレヨン又はフェルトペン（油性）で絵を描く。

⑥ 牛乳パックの中に④で作った仕組みを上から入れて、ストローを穴から出す。
　＊うまくふくらむかを試してみる。

⑦ 用具の後始末

# びろーんとのびる  ―― 大きくなるよ ――

「どう？かっこいい？」

「おしゃれなわたし」

「りんごがすきなわたし」

「体をくねくね」

「走るぼく」

## アレンジ・チャレンジ

折り紙の半分で

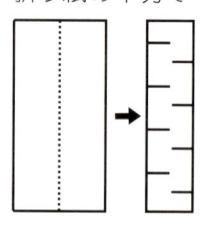

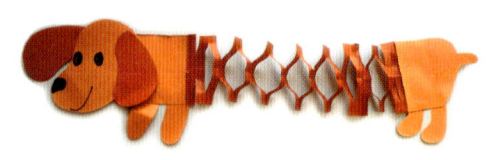

「わたしのペット」
色画用紙で体を作ってつなげたよ。

「ぞうさん　ぞうさん」

# ムクムクニョキニョキー
―― 中から何が出てくるのかな ――

① 牛乳パックに切り紙を貼って、飾りをつける。ストローを通すための穴をあけておく。

② ナイロン袋にクレヨンで好きな絵を描く。

③ ナイロン袋にストローをつける。

④ 牛乳パックの中からストローを出す。

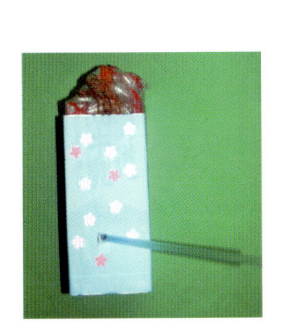

⑤ 牛乳パックの中にナイロン袋を入れる。

⑥ ゆっくりストローに息を吹き込むと、牛乳パックの中からムクムクニョキニョキ飛び出してくるよ。

渡邉　敬子

# 飛び出すカード
―― 楽しいカードを考えよう ――

## 手　順

① 色画用紙を半分に折り、真ん中に3cmの切り込みを3cm位開けて2本入れる。

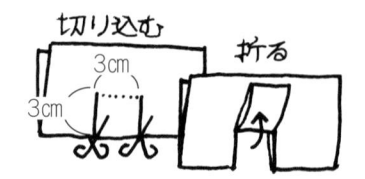

② 切ったところに、折り目をつけ、内側に起こす。
（切り込み平行折り起こし）

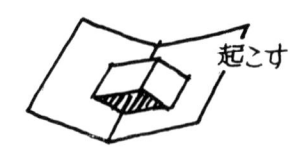

③ 画用紙に好きな絵を描き、切り抜く。

④ 起こしたところに、切り抜いた絵を貼る。

⑤ 空いているところに、メッセージや飾りをつける。

⑥ 外側に好きな色の色画用紙をつける。

### ワンポイントアドバイス

切り込みを増やすと、貼るところが増えますが、2～3か所が適当です。画用紙の絵が大きくなっても気にせず外側の色画用紙を大きくしましょう。貼るところに気をつけましょう。

## 題材について

仕掛けが簡単で開いた時に、立体的に飛び出す楽しいカードです。運動会の招待状、大好きな人へのメッセージカードと、いろいろな時に応用できます。

## 準 備 物

・色画用紙
・画用紙
・フェルトペン
・ポスターカラーマーカー
・のり
・はさみ
・装飾に使えるもの等

阿野　美佐子

# リースに秋をかざろう
―― 秋のおくりものを飾って残そう ――

## 題材について

クリスマスが近づくと、リースなどの飾りを作りたくなりますよね。このリースは、紙粘土をベースに、秋に集めた木の葉や木の実を飾ります。

せっかく集めた色とりどりの木の葉や木の実を、美しいまま飾れたらすてきだと思いませんか。

低学年の生活科「あきみつけ」の後に取り組んでみてください。

## 準備物

- 紙粘土、粘土板
- 金、銀、ラメ入りの緑色等の絵の具
- 絵の具を入れる容器
- 木の葉(ニスをぬったもの)、木の実、リボン、モール、綿などの飾り

### ワンポイントアドバイス

秋に集めた木の葉は、押し葉にしたあと、表面にニスを塗っておきます。変色せずにきれいな色のまま飾れます。

## 手　順

① 紙粘土を紐状に伸ばし、ドーナツ型にする。

② 用意した色の中から好きな色を選び、絵の具を塗る。
（いろいろな感触に慣れてほしいので、私は筆を使わず指で塗らせました。）

③ 木の葉や木の実をドーナツ型の周りに置いて配置を考える。

④ 配置が決まったらドーナツ型に少し押し込んで飾る。

⑤ 乾いたらリボンなどで飾って完成する。

⑥ 鑑賞会をする。

# 飛び出すカード
## ―― 楽しいカードを考えよう ――

## 飛び出すしくみの基本パターン

〈切り込み起こし〉
切り込む / 折る / 起こす

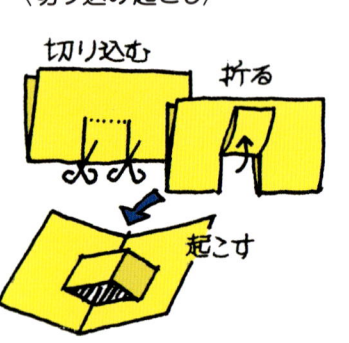

〈しかけを貼る〉

A．平行に貼る
2つに折る → のりしろを折る → 貼る

B．斜めに貼る
2つに折る → のりしろを折る → カット → 斜めに貼る

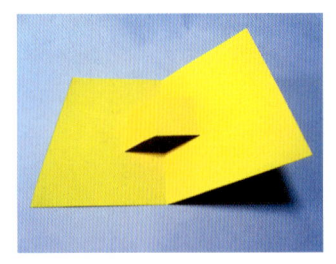

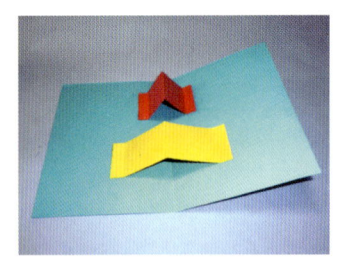

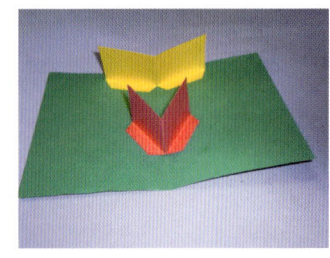

90

# リースに秋をかざろう
―― 秋のおくりものを飾って残そう ――

福田　公美子

# かけ算迷路
## —— 教室を遊園地に ——

### 手　順

① 新聞紙2枚で机をくるむ。

② くるんだ机を並べて道を作っていく。

③ 新聞紙をつないでいって、大きなシートを作る。

④ 作ったシートを、机の迷路の上にかぶせる。

⑤ 迷路の入り口と出口は、新聞紙をくりぬいて開けておく。

### 題材について

新聞紙を使って、教室を遊園地にしてみましょう。遊園地にしたら、みんなで楽しく遊びましょう。

### ワンポイントアドバイス

- 新聞紙にフェルトペン（油性）で模様を描くと、もっとすてきな空間になるよ。
- いすをくるんでみても いいね！
- 迷路の中は、こんなふうになってるよ。どっちに進むと出口かな？

### 準　備　物

・新聞紙
・セロハンテープ
・ガムテープ（布）
・かけ算カード

### ＜かけ算迷路＞の遊び方

① 入り口でカードをひいて、何のだんの九九を探すかを決める。

② 迷路の入り口からスタート！

③ 出口から出たら、かけ算の答えが書いてあるカードから、○○のだんの答えだけを集める。

④ 制限時間3分以内に何個見つけられるかな。

福田　公美子

# ファッションショー
―― 勇者とお姫様に大変身 ――

### 手順

① ゴミ袋に襟ぐりと袖の穴を開け、色テープ（ビニールテープ）で補強する。

② 服の表にいろがみや色画用紙で、模様を貼っていく。

③ 裏は、表より少し抑え気味にデザインする。

> 裏はワンポイントでOK！

### ワンポイントアドバイス

- テーマを決めてデザインしていくとアイデアがいっぱい広がります。
- 服が完成したら、みんなでファッションショーをしましょう。

### 題材について

　ゴミ袋一枚で、大変身！いろんな服を作ってみましょう。勇者にだって、お姫様にだってなれますよ。いろがみをペタペタ貼って、表も裏もデザインしましょう。

### 準備物

・白いゴミ袋(70L用)
・いろがみ
・色画用紙
・はさみ
・セロハンテープ
・色テープ(ビニールテープ)
・リボン、ボタン、飾りなど

# かけ算迷路 ―― 教室を遊園地に ――

机を新聞紙でくるんでしまおう。セロハンテープやガムテープ（布）を使って。新聞紙2枚分でOKだよ。
　机をくるんだら、机を迷路みたいに並べて道をつくっていこう。わかれ道をつくるとおもしろいよ。

いすをくるんでみてもいいね！
迷路の中は、こんなふうになってるよ。どっちに進むと出口かな？

この下には、机で作った迷路が隠されています。新聞紙をかぶせているので、どっちに進めば出口になるか、悩んじゃうね！

かけ算の答えを書いたカードをたくさん作って散りばめています。
○○のだんの答えを探すぞ〜！！
カードもいろいろデザインしてみるのもいいかもね。

# ファッションショー
## 勇者とお姫様に大変身

リボンをアクセントに！

勇者のベルトはかっこいいね

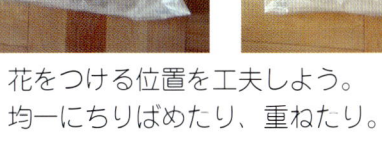

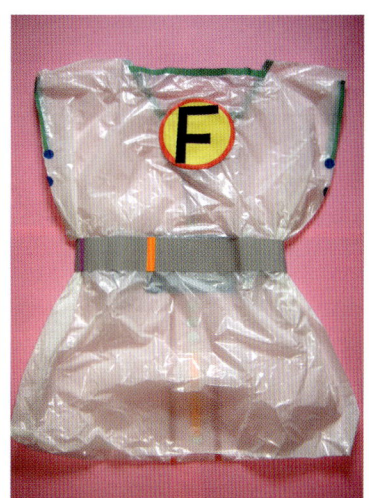

花をつける位置を工夫しよう。均一にちりばめたり、重ねたり。

背中には、イニシャルで自分のマークをつけて。

著者　　（アイウエオ順）

阿野　美佐子　　京都府八幡市立八幡小学校　　教諭
今田　美恵子　　京都府八幡市立南山小学校　　教諭
内海　公子　　　京都府八幡市立南山小学校　　教諭
大山　美智子　　大阪府高槻市立津之江小学校　教諭
小菅　盛平　　　和光鶴川小学校　元教諭
照田　律子　　　石川県金沢市立安原小学校　　教諭
辰巳　三郎　　　兵庫県高砂市立荒井小学校　　教諭
服部　宏　　　　大阪府八尾市公立小学校　元教諭
福田　公美子　　大阪府阪南市立朝日小学校　　首席
藤原　さやか　　兵庫県立播磨農業高校　教諭
松多　祐里　　　石川県金沢市立長坂台小学校　教諭
向　　啓子　　　京都府宇治市立御蔵山小学校　教諭
渡邉　敬子　　　東京都中野区立緑野小学校　　教諭

その他　たくさんの先生方にご協力いただきました。

わかる喜び学ぶ楽しさを創造する教育研究所　編集部
編　者：服部 宏　藤田 えり子　堀越 じゅん　辰巳 三郎　内海 公子


## １・２時間でできるまるごと図画工作　１・２年

２０１３年４月２日　第１刷発行
２０１３年７月７日　第２刷発行


編　者：服部 宏　藤田 えり子　堀越 じゅん　辰巳 三郎　内海 公子

発行者：岸本　なおこ
発行所：喜楽研（わかる喜び学ぶ楽しさを創造する教育研究所）
　　　　〒604-0827　京都府京都市中京区高倉通二条下ル瓦町 543-1
　　　　TEL 075-213-7701　FAX 075-213-7706
印　刷：株式会社イチダ写真製版　製本所：新生製本株式会社

ISBN978-4-86277-138-4

Printed in Japan